古村红痕

Gucunhonghen

刘 敏/编著

广东旅游出版社

中国·广州

图书在版编目（CIP）数据

古村红痕 / 刘敏编著． — 广州：广东旅游出版社，2024.1
　ISBN 978-7-5570-3101-5

Ⅰ．①古… Ⅱ．①刘… Ⅲ．①村落－革命史－研究－石城县 Ⅳ．①K295.65

中国国家版本馆CIP数据核字（2023）第153273号

古村红痕
GUCUN HONGHENG

出 版 人：刘志松
策划编辑：官　顺
责任编辑：官　顺
责任校对：李瑞苑
装帧设计：邓传志
责任技编：冼志良

广东旅游出版社出版发行
（广州市荔湾区沙面北街71号首、二层）
联系电话：020-87347316　邮编：510130
廊坊市海涛印刷有限公司印刷
（地址：河北省廊坊市安次区码头镇金官屯村）
787毫米×1092毫米　16开　10.5印张　150千字
2024年1月第1版
2024年1月第1次印刷
定价：68.00元

【版权所有　侵权必究】
本书如有错页倒装等质量问题，请直接与印刷厂联系换书。

目录

序　　／5

"风展红旗如画" ……………………………… 001
"土豪家的谷子不要钱，发给贫民！" ………… 005
"上前敌打仗，不替军阀当炮灰" ……………… 009
"工农兵联合起来" ……………………………… 014
"千年封建都打垮，今天穷人有了家" ………… 018
"三期战争获全胜，胜利原因要记清" ………… 025
"欢迎白军弟兄快快拖枪过来当红军" ………… 036
"革命同志谁领导，列宁主义共产党领导" …… 042
"努力扩大一百万铁的红军" …………………… 046
"中央政府成立了，革命正在发展了" ………… 051
"工农和红军联合起来，一定能消灭白军" …… 055
"勤洗衣常洗澡" ………………………………… 059
"反对拉伕" ……………………………………… 063
"准备全部出动北上抗日" ……………………… 067
"创造红军铁军" ………………………………… 073
"红军是工农的武装" …………………………… 077
"白军士兵是工农出身，不要拿枪打工农" …… 081
"纪念国际青年节，打倒国民党" ……………… 084

"夺取赣州，活捉马崐"　　　　　　　　　　　088
"夺取南昌九江武汉总暴动胜利"　　　　　　094
"保护分田胜利，就要肃清大刀会保卫团"　　099
"欢迎白军士兵下级官长来当红军"　　　　　105
"加紧查田运动肃清豪绅"　　　　　　　　　110
"反对预征钱粮"　　　　　　　　　　　　　120
"白军士兵只有反水当红军才是出路"　　　　124
"欢迎靖卫团来当红军"　　　　　　　　　　128
"拥护苏维埃中央政府"　　　　　　　　　　132
"保卫中央苏区！保卫红色政权！"　　　　　136
《七根火柴》与"中国工农红军宣传队"　　140

参考书目　　/146

后记　　/149

附录：石城县苏区标语一览表　　/153

序言

古村红痕

20世纪30年代是一个混乱无序的年代。在这一年代里，无论是世界，还是中国，群雄并起世乱事繁，几乎没人会想到，在中国南方山区里，奔走着一群拿着最简陋武器的年轻人，不过十几年时间，这群人就走上了天安门，成为世界瞩目的焦点。

然而，天下不是那么容易就能得到的。

从历史上看，古今中外，虽然所有的朝代更替，都有一种"宿命"，但是，"宿命"本身并不能直接发出朝代更替的指令。如果说清王朝的终结还带有一点"一根稻草压死骆驼"的戏剧性，那么，新中国的建立则完全是一枪一弹一城一乡点滴积累而成。与历朝历代不同的是，在这期间，为扩大中国共产党、工农红军和苏维埃政府的政治影响，发动广大民众支持革命和回击国民党的反动宣传，红军、苏维埃政权、地方革命武装和革命群众团体，在苏区各地书写了大量宣传标语。

这些苏区标语主题明确，都是宣传中国共产党、工农红军和苏维埃政府的性质和宗旨，动员群众反对帝国主义和封建主义的统治，宣传反对国民党反动派和白军，鼓励建立新苏区和革命政权，积极开展土地革命，动员群众参军参战，努力发展生产，提倡新风尚。标语语言简洁明了，富有鼓动性，为扩大红色影响做出了重大贡献。无数工农在看过这些标语后，放下工具，拿起梭镖参加红军，为革命奉献出自己的点滴乃至生命。苏区的青壮年甚至整师整团地踊跃参加红军，出现了许多诸如"妻子送郎当红军"的动人场面。据统计，1929年1月，红四军主力离开井冈山转战赣南闽西的时候，才3000余人；1931年9月第三次反"围剿"胜利时，中央苏区的红军队伍已有3万人；而到1933年第四次反"围剿"胜利时，更是猛增到12万人。战争期间，苏区群众还组织大批人力参加支前组织，支援红军作战，为打破敌军的"围剿"，巩固苏区政权做出了不可磨灭的贡献。

虽然我不曾专门研究苏区史，但是，我和作者一样，在多次的田野调查里看到过大量遗存在民间的苏区标语！只是因为研究的侧重点不同，没有特别留意这些标语的深意。而刘敏先生既通文史，又懂摄影，且始终专注于地方文化研究，所以，他眼里的标语与我所见的似乎完全不同："别看这些字不起眼，其实，老屋里残存的苏区标语，可以让刻板苍白的历史知识还原成一幅幅生动感人的红色印象。"确实，姑且不说瑞金、于都、兴国，即以我们共同的家乡石城县为例，这里是中央苏区的核心区域，中央红军长征重要出发地。毛泽东、朱德率红四军转战赣南闽西时曾多次来到石城，朱德、彭德怀、杨尚昆等老一辈无产阶级革命家在这里进行过长期的革命实践活动，无数开国将帅都曾在石城战斗过。这片承载着苏区革命传统的红色故土，见证了秋溪整编与红五军团的诞生，见证了中央秘密金库的建立，见证了苏区中央直辖县——太雷县的成立，见证了红三军团与少共国际师在石城阻击战中血与火的战斗。所有这些足以进入党史、军史、国史的事件，因为一条条标语而显得无比鲜活。从这个意义上说，对标语的研究确实具有特殊的意义。

据我所知，目前收集苏区标语照片的书籍已经有不少，集中苏区时期文件报纸的汇编也有不少，但是，像刘敏先生这样将标语放到具体的历史背景下解读的著作，似乎还没有出现。随着时间的不断流逝，这些珍贵的红色标语仍在不断的消失。如何更好地保护这些红色标语资源，加强红色标语的研究，乃至于如何做好合理保护下的适度开发开展红色旅游，始终以先进的文化理念去引领社会文化的发展，使它的价值得以充分实现，都是新时期下的新课题。作者将田野调查与真实历史结合，将文学与摄影结合，为我们奉献了这样一本跨学界跨文艺的作品，在诗歌与远方走到一起后，将历史文化与社科普及又融为一体。希望以后能看到更多研究地方文史的作品，也希望有更多有心人投身地方历史文化的研究，为祖国的发展奉献力量和智慧。

是为序。

黄志繁

(作者系南昌大学研究生院常务副院长、博士生导师)

第三組

動員廣大工農群眾參加革命戰爭
同志們要曉得中國共產黨進行工農革命
……千百萬工農群眾……
……蘇區紅軍……
……同志……

……中國……
……永……萬歲
……
……成立……
……

"风展红旗如画"

宁化、清流、归化,
路隘林深苔滑。
今日向何方,
直指武夷山下。
山下山下,
风展红旗如画。
——《如梦令·元旦》

在石城县木兰乡竹斜的一座百年老屋里,我曾经拍过禾仓上硕大的石灰字标语:"农民打土豪,分田地(红军Ⅳ)";在横江镇烟坊村尾的一座即将拆除的青砖大屋的墙壁上,我拍下过一条即将隐没的标语:"消灭地主武装(红四军)"

这些都是毛泽东、朱德率领红四军转战赣南闽西创建中央革命根据地时候留下的痕迹。不为人所知的是,毛泽东曾经先后九次来到石城;更不为人所知的,从写作时间和所描写的景物,特别是词中描绘的历史情景看,毛泽东的名篇《如梦令·元旦》所表现的就是他第二次来到石城的革命经历。

古田会议后,红四军决定进行战略转移,留下地方武装在闽西坚持斗争,毛泽东和朱德同志率领红四军分头向江西方向进军,通过游击战争,扩大革命根据地。1930年元旦春节期间,毛泽东率领红四军一部分从古田出发,向北经连城以东的古田、宁化、清流、归化等地,越过武夷山,再入赣南。

"宁化、清流、归化,路隘林深苔滑。今日向何方,直指武夷山下。

古村红痕

山下山下，风展红旗如画。"

这次行军途中，毛泽东以"元旦"为题写下了这首词，以此来描述这次进军的情景。"元旦"在毛主席的诗歌中既是实指，也是虚指。只有这样理解，才可能出现诗歌中多个地名连续出现的情况，并以此表现长途行军的艰辛。

我有幸见过石城县1966年采编的一本小册子《红太阳照亮石城》，是这样介绍的："1930年1月5日，毛主席率领红四军从福建古田出发，向北经连城、清流、归化（明溪）、宁化，沿着宁化经石城去广昌的山间小道，直向武夷山下的福村进军。1月13日，毛主席率领红四军进入宁化的神坛坝、济村、里坑，并在里坑住了一晚。1月14日清晨，巍巍的武夷山银装素裹，晶莹璀璨，飞舞的雪花闪烁着灿烂的银光。这天早上，伟大领袖毛主席率领红军从宁化里坑出发，迎着刺骨的寒风，脚踏坚冰，经龙头村（苏区时，济村、龙头村均属石城县高田区管辖）翻越'路隘林深苔滑'的武夷山来到石城县的福村。"

从诗歌所表现的地点和环境看，《如梦令·元旦》写的是福村。"今日向何方，直指武夷山下。"在这里可以看得出行军的方向，当然，"武夷山下"可以指山的东边，也可以指山的西边。从地理位置看，宁化县的济村和石城县的福村分别位于武夷山的两侧。但是联系后面的"山下山下，风展红旗如画"，可以看出，这应该是从山上往山下瞭望所产生的角度。

福村地处丰山乡东部，在明朝时称濮溪，后又叫濮村，清始改称福村。这里群山环抱，溪河流淌，风光优美，素有"石城粮仓"之誉。清代官府曾在此开圩市，设税卡，筑有半边城墙。《石城县志》这样记载福村在江闽浙中的重要交通地位："南岭广，城东五十里。山势连峰陡耸，状若芙蓉，又呼为'芙蓉嶂'，福村刘氏世居其下。巅右为闽浙通衢，古松千馀株，盘石蹬而入，行者忘倦。"路隘林深，古树参天，苏区以前，武夷山中段的福村就是这样的。

"路隘林深苔滑"只可能出现在山区，虽然在闽赣之间的武夷山周边的广昌、宁化，也可能出现这样的情形，但是，考虑到"路

隘""山下"等关键词,这里更可能是毛主席翻越武夷山后,来到福村"闽浙通衢"一带有感而发。

　　此外,从诗歌所表现的情景来看,也可以断定《如梦令·元旦》写的是福村。丰山是一片红色的土地,据《丰山乡志》记载:1929年6月初,红色革命的春风吹遍了石城,1930年1月1日设丰山区苏维埃政府,由六个乡组成,福村乡属丰山区政府管辖,张浪清任福村乡党委书记,廖永清为乡苏维埃政府主席。红旗飘,人欢笑,就在这红旗刚刚举起、红色政权蒸蒸日上的时候,"1月14日,福村人民终于盼来了红太阳毛主席,石城人民怀着无限激动和无限喜悦的心情,从四面八方奔向福村,迎接救星毛泽东,迎接亲人红四军"。据当地97岁的陈美兰回忆,当天,在廖永清同志的带领下,劳苦大众们早早在苏维埃政府办事处"双溪公祠"等候,迎接毛主席的到来。到处张贴红色标语,同时,红四军的战士们也被安排在福村刘氏家庙(明德公祠堂)稍做休整。

⊙石城县木兰乡竹斜:"农民打土豪,分田地(红军Ⅳ)"

古村红痕

从"路隘林深苔滑"的山路下来，看到这样红火的革命景象，毛主席不禁吟出"山下山下，风展红旗如画"的名句，更不辞辛劳在双溪公祠给劳苦工农们讲革命故事，号召穷人起来闹革命，打土豪分田地。石城的劳苦大众，倾听毛主席铿锵有力的宣讲，精神振奋、慷慨激昂。

"风展红旗如画"，90余年过去了，看着眼前土地革命时候的标语，回首过去的红色岁月，在那个特殊的烽火时代，毛主席在赣南大地上还曾经走过无数地方，还写下过大量经典诗词。再次品味毛主席雄伟诗篇，真是别有一番滋味。"赤橙黄绿青蓝紫，谁持彩练当空舞？"是胜利后的喜悦；"十万工农下吉安"，让人感慨工农群众艰苦奋斗、勇往直前的精神；"万木霜天红烂漫，天兵怒气冲霄汉"是反"围剿"的豪情；"赣水那边红一角"是革命风暴席卷江西的写照。

这样看来，我想，诗词写于哪儿其实不重要，关键的是不忘初心，认真领会诗词中蕴含的革命情怀与精神吧。

"土豪家的谷子不要钱，
　　　　发给贫民！"

在石城县琴江镇琴口村一座民国初年建筑的侧门上，我见到过这样一条标语："土豪家的谷子不要钱，发给贫民（红四军宣）"。在屏山镇陈坊村，我看到过用刺刀深深地刻进门框再加以墨笔填充的"进门杀土豪，出门斩劣绅"。宁都县小布镇的中共苏区中央局旧址上，有"一切土地归苏维埃"。其实，我所见的这些，既是一条条标语，也是一场场发生于赣南的历史事件。

"打土豪、分田地"这个口号最先出现在1927年的文家市，是中国共产党领导的中国工农红军在土地革命战争时期，提出的主要宣传口号之一。它不仅表明了红军的政治主张，同时也深刻反映了毛泽东对中国农民问题的深刻认识和独特见解，为他领导中国革命的胜利打下了深厚的理论和实践基础。

从1928年3月开始，红军在湖南酃县（现炎陵县）的中村，正式开展了"打土豪、分田地"的革命斗争。中国共产党领导下的革命，武装斗争是根本，土地革命是目标。人都是现实的，农民得到了自己的利益才会跟着共产党走，跟着红军走。

1929年4月8日，红四军进驻于都，随后召开前委扩大会议，确定红四军以一个月左右的时间在赣南各地开展政治宣传，发动群众打土豪、分田地，帮助各地发展地方武装，建立革命政权。随后，毛泽东起草制定了《兴国县土地法》，把《井冈山土地法》中"没收一切土地"改为"没收公共土地及地主阶级的土地"，使更多的老百姓拥护共产党。红四军政治部把《兴国县土地法》油印成册，在赣南、闽西各地进行宣传，掀开了赣西南土地革命风暴的序幕。

从学过的历史中知道，地主、剥削与封建社会是长期紧密联系

古村红痕

在一起的，只要有封建社会就有地主。而中国共产党建党之后的主张，就是消灭剥削才能求得工农的解放。于是，在农村，从经济上甚至从肉体上消灭地主也就成为了必然。然而，经过几千年的战乱与治平，农村早就已经有了自己的生活方式。尤其是在赣南，经过太平天国"长毛"的多次打击，地主早就已经养成了平时注意教化农民，利用宗族话语权影响农民，同时，掌握一定数量的武装力量并联结周边地区，及时掌握情报，用地方武装保护自身的安全。红四军从井冈山下来以后，转战赣南闽西，从弱小到声势浩大，其间经历了无数次与地主武装的较量。石城原本是个相对封闭的小山城，但在特殊的社会形势下，也一样被席卷进这样一场军队与地方武装力量的对抗之中。

其实，开篇的几条标语几乎就是顺承关系：农民当兵要吃要穿，军队不可能免费发放，那就只能从地主那儿来，"土豪家的谷子不要钱发给贫民"；不可能指望地主主动破产救济农民，那无异于与虎谋皮，于是就得"打土豪分田地"；具体措施，自然就是"进门杀土豪，出门斩劣绅"；战争之中，力量才是真理，于是，自然必须"消灭地主武装"。

⊙石城县琴江镇琴口："土豪家的谷子不要钱发给贫民（红四军宣）"

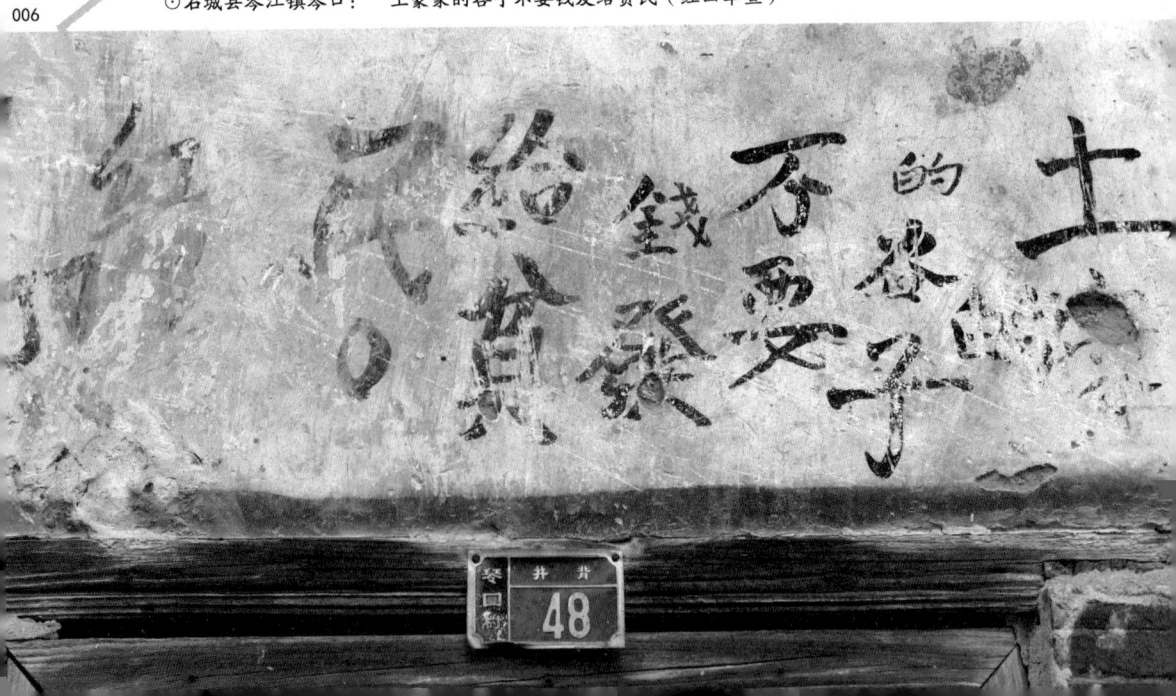

⊙石城县屏山镇陈坊:"进门杀土豪,出门斩劣绅"

至于这些标语的书写时间,可以根据红军占领石城和攻打地主"土围子"的时间来确定。

1930年6月25日,红十二军第一次解放石城,县城周边先后成立了乡革命委员会,但7月11日后均被颠覆。1931年2月26日,红军第二次解放石城。2月29日成立坝口区革命委员会,随后成立了县城周边地区的革命委员会。7月16日,敌26路军进占石城,各级红色政权基本解体。10月8日,红一军团第四军在林彪带领下第三次解放石城,10月15日、16日成立城市及坝口革命委员会,此后,石城一直在红军控制之下,直到1934年红军长征。

据《赣南人民革命史大事纪略》载,1931年10月上旬开始,红一方面军主力分散在中央苏区消灭白色据点,肃清苏区内反动武装。其中,红一军团在石城、长汀,红三军团在会昌、安远、于都。总部在瑞金居中指挥。而第一期则是先肃清石(城)、(长)汀、

古村红痕

于（都）、会（昌）四县白色据点。10月，红一军团红四军就攻破了石城的三坑寨、洋地寨、石耳寨等"土围子"。12月，红四军十师师长耿凯率领全师在石城横江攻打地主武装"土围子"时，光荣牺牲。不过，烟坊土楼随即被迅速攻下。1932年1月1日，红四军十一师（师长王良）在地方游击队配合下，拔除石城南部最后一个白色据点红石寨，毙伤敌人100余名，活捉包括国民党石城县县长黄光英及以下的豪绅民团1500余人，缴枪1500余支。石城南部民团就此全部肃清。长期被分割的赣南和闽西两块革命根据地连成一片，形成以瑞金为中心的巩固的中央革命根据地（也就是中央苏区）。其范围扩展到28个县境，拥有瑞金、兴国、于都、长汀、上杭等15座县城，总面积5万多平方公里，人口达250万。在根据地内，共产党发动群众，建立或恢复党、团组织和苏维埃政权，分配土地，动员了1.2万名群众参加红军，为即将建立的中华苏维埃共和国奠定了坚实的基础。

综合上述资料，从当时政策和红军占领石城及在赣南的战斗情况来看，开篇提到的标语，应该书写于1931年10月左右。

⊙宁都县小布镇"中共苏区中央局旧址"："一切土地归苏维埃"（曾晨英摄）

"上前敌打仗，不替军阀当炮灰"

石城县大由乡的下伊村远离尘嚣，绿树掩映，是一个与宁都、瑞金交界的小村庄。我们在编写《走遍石城》一书的时候，几次来到这里，访问农人，探寻古迹。在一座渐将为时光湮没的旧宅前，还真发现了一条前所未见的红军标语：

"上前敌打仗，不替军阀当炮灰。"

明代著名文人冯梦龙《醒世恒言》中说，"叫天叫地叫祖宗，惟愿不逢鞑虏。正是：宁为太平犬，莫作乱离人！"和平年代的人永远无法想象战争年代中普通人的苦楚，就像你我无法用笔墨去细细地描述战场。在战争中，没人知道战争最后的结局如何，只知道来不及回味的感人细节太多，生离死别的悲怆故事更多。在战争中，没有人能自由地选择自己的生活，就像这条标语"上前敌打仗，不替军阀当炮灰"，从某种意义上说，当时青壮年所能选择的，要不就是参加红军"上前敌打仗"，要不就是参加白军"替军阀当炮灰"。

这不是一个人的选择，而是当时几乎整个国家的青壮年的选择。

因为工作的原因，我曾经采访过不少曾经参加过红军的老战士和他们的亲人。

曾任红三军团某部通信员的失散老红军赖何南说："我是17岁参加红军的。那时候父母宣传子女、妇人宣传老公去当红军。开始的时候我在三军团政治部。过了新历年，打邵武黎川，后来叫我去了三军团医院第四所，因为我年纪小。后来我得了病，转回家休养了两个月，就没有跟上部队……"

曾任红八军团第二十三师战士的失散老红军温锡禧说："那时候，我主要是在少先队查路条，日夜都要查……后来扩大100万铁的红军，我们村里的几十个人就去了县里，全部加入了红军。那时候我18岁，1933年春天里去当红军的。也不是自愿不自愿，那时候县里的工作队来到村里，检查了身体说这个要去，那个要去，大家都去了，我也就去了……"

曾任红一军团某部战士的失散老红军温玉珍回忆说："我1932年开始做苏区工作，先是少先队员，主要是负责放哨查路条。后来在城市区（后改为第一区）少队部做政治训练员。当时中央号召扩大100万铁的红军，上面开会，干部都要报名，但我没有被批准。后来我在军事部做文书，收新兵，我手里送了很多新兵，不止一连，每连一百二三十到一百四五十。我们送到瑞金补充第三师，在合龙市，然后回石城。到第五次反'围剿'的时候，（形势）很紧张，我带兵到瑞金后也编入了部队，是一军团二师五团三营七连……"

曾任少共国际师宣传员的失散老红军白谦善说："那时候，13到16岁的就做儿童团，主要是放哨、查路条。17到25岁的就做少先队，就是打土豪分田地。35岁是赤卫军，要挑担。我原来是少先队长、代表，还是优待红军家属青年代耕队队长。那时候说扩大100万铁的红军，不管什么责任都要做，少先队全体动员，要去挑担。我就从犁壁村出来，去挑担了。"

还有流传在赣南大地上的那首民歌："当兵就要当红军，处处工农来欢迎。官长士兵都一样，没有哪个压迫人。"

……

类似的叙述太多了。

在这一场选择中，仅根据不完全统计，中央红军在长征出发时的8.6万余人中，赣南籍红军达五六万人。在一次又一次猛烈地扩大红军的活动中，有的县、区、乡的16岁至55岁男子，凡是身体合格的都争先恐后地去。从这个意义上可以说，没有苏区人民，就没有强大的中央红军。当红军走到陕北，当红军成为中国人民解放军，昔日的放牛娃率领千军万马厮杀，当昔日食不果腹的少年翱翔蓝天、劈浪海洋，不知道，他们是否还记得自己和小伙伴当初的选择，是否还记得那首"当兵就要当红军"。

"上前敌打仗，不替军阀当炮灰"，在建立新中国的征战中，因为这一场选择，赣南有134位优秀子弟经过无数血与火的洗礼与考验，成为功勋卓著的开国将军，其中3位上将、11位中将、120位少将。此外，校级军官更是无数，一时无法统计。

上将（3位）：
赖传珠，赣县人。
陈奇涵，兴国县人。
萧　华，兴国县人。

中将（11位）：
黄志勇，崇义县人。
刘浩天，宁都县人。
廖容标，赣县人。
曾思玉，信丰县人。
朱　明，兴国县人。
吴法宪，兴国县人。
谢有法，兴国县人。
邱会作，兴国县人。
康志强，兴国县人。
温玉成，兴国县人。
邝任农，寻乌县人。

少将（120位）：
丁　盛，于都县人。
丁荣昌，于都县人。
方　槐（赖芳槐），于都县人。
叶荫庭，于都县人。
刘友光，于都县人。
李致远，于都县人。
杨思禄，于都县人。
张耀祠，于都县人。
钟贤文，于都县人。
段德彰，于都县人。
黄经耀，于都县人。
曾雍雅，于都县人。

谢　明，于都县人。
谢正浩，于都县人。
康　林，于都县人。
曾庆良，于都县人。
马泽迎，兴国县人。
王　屏，兴国县人。
毛会义，兴国县人。
邓经纬，兴国县人。
叶运高，兴国县人。
吕黎平，兴国县人。
刘　涌，兴国县人。
刘玉堂，兴国县人。
刘世洪，兴国县人。
刘耀宗，兴国县人。
李士才，兴国县人。
李呈瑞，兴国县人。
李佐玉，兴国县人。
李良汉，兴国县人。
江学彬，兴国县人。
邱先通，兴国县人。
邱会魁，兴国县人。
邹　衍，兴国县人。
陈坊仁，兴国县人。
陈远波，兴国县人。
陈美福，兴国县人。
欧阳平，兴国县人。
杨　卓，兴国县人。
杨汉林，兴国县人。
张英辉，兴国县人。
周　彬，兴国县人。

古村红痕

陈　熙，兴国县人。
钟人仿，兴国县人。
钟文法，兴国县人。
钟生溢，兴国县人。
钟发宗，兴国县人。
钟国楚，兴国县人。
钟炳昌，兴国县人。
黄文明，兴国县人。
黄玉昆，兴国县人。
黄有凤，兴国县人。
龚兴贵，兴国县人。
曾　美，兴国县人。
曾克林，兴国县人。
曾昭墟，兴国县人。
曾新泮，兴国县人。
谢　良，兴国县人。
谢立全，兴国县人。
谢国仪，兴国县人。
雷永通，兴国县人。
廖鼎琳，兴国县人。
魏洪亮，兴国县人。
黄朝天，兴国县人。
江拥辉，瑞金市人。
刘锦平，瑞金市人。
朱耀华，瑞金市人。
孙文采，瑞金市人。
严庆堤，瑞金市人。
杨　力，瑞金市人。
杨俊生，瑞金市人。
张　雄，瑞金市人。
郑旭煜，瑞金市人。
钟　辉，瑞金市人。
钟发生，瑞金市人。
梁达三，瑞金市人。
谢家祥，瑞金市人。
伍生荣，石城县人。
郑三生，石城县人。

温先星，石城县人。
赖达元，石城县人。
刘大煜，赣县人。
吴保山，赣县人。
罗亦经，赣县人。
徐光华，赣县人。
游好扬，赣县人。
谢镗忠，赣县人。
卢文新，宁都县人。
许　诚，宁都县人。
张光华，宁都县人。
陈　力，宁都县人。
罗有荣，宁都县人。
钟辉琨，宁都县人。
黄作珍，宁都县人。
黄径琛，宁都县人。
黄思沛，宁都县人。
梁玉振，宁都县人。
廖冠贤，宁都县人。
曾凡有，宁都县人。
兴　中（赖庆尧），崇义县人。
余光茂，崇义县人。
谢振华，崇义县人。
李长暲，信丰县人。
彭寿生，信丰县人。
曾保堂，信丰县人。
童国贵，信丰县人。
何家产，上犹县人。
钟元辉，上犹县人。
黄振棠，上犹县人。
廖昌金，上犹县人。
宋玉琳，会昌县人。
陈士法，会昌县人。
巫金锋，南康市人。
袁　渊，南康市人。
曹丹辉，南康市人。
曹光琳，南康市人。

曹传赞，南康市人。
曹德连，南康市人。
黄　萍，大余县人。
曾　征，寻乌县人。

134位开国将军是数十万原中央苏区革命者中血战沙场的幸存者。他们在中国共产党领导的大革命滚滚洪流中投身革命，为民族的解放、人民的自由浴血奋战。他们是功臣和英雄，更是中央苏区的骄傲。

⊙石城县大由乡下伊："上前敌打仗，不替军阀当炮灰"

古村红痕

"工农兵联合起来"

如果可以穿越到苏区时候的赣南，不知道你会不会突然间感觉到眼花缭乱？你所见的士兵就像农民，而农民又像士兵，这就是那个特定时代的特殊现象。

在石城县琴江镇沙塅村白茅塘陈氏宗祠，有一幅已经渐渐看不清楚的壁画。画的是"工农兵联合起来"。画面上绘有6个人物形象，墨笔勾勒，线条清晰，可以辨认出右边一个人戴着圆帽手持钩镰，边上写了"工人"；第二个人头戴斗笠肩扛红缨枪，边上写了"农民"；第三个及其后的共四个人，一律肩扛带刺刀的步枪，斜挂子弹带，打着绑腿，边上写着"士兵"。

在赣江源镇秋溪虎尾坑的"如升"古民居，也就是红五军团司令部旧址中，则有红五军团的群像。画面上右边7人明显是红军战士的样子。他们有的举着缀着红五角星和镰刀斧头的红军战旗；有的拿着大刀、驳壳枪；有的趴在马克沁重机关枪后，统一戴着盔式军帽，打着绑腿；还有的围着子弹带……

或许这就是当时的红军印象。其实，红军初创时期没有统一的军服，其后服装样式经过多次改变，于是，就有了这些既五花八门又自成体系的苏区红军特色军装。

从目前看得到的资料显示，南昌起义的队伍依然身着国民革命军的青灰色制式服装，只是系红领巾以示区别。井冈山根据地建立后，1928年5月23日中央发布的《中央通告第五一号——军事工作大纲》明确规定："可正式命名为红军，取消以前工农革命军的名义。"红军的名称正式确定。

随着红军队伍迅速扩大，统一服装也势在必行。1929年3月，红四军打下长汀后，筹款5万余元，赶制了4000套新军装。从此，第一批正规的红军军装诞生。军服款式仿照苏联红军的军装（中山装式，下有两个口袋）和列宁戴过的八角帽式样，因需要经常在山地行军作战，故颜色为灰色，每套军服还配有一副裹腿和一顶红五角星军帽。1931年，中华苏维埃共和国成立，红军的军装、帽子和绑腿都选用灰布制作，受经济条件的制约，布料、颜色还不尽相同。1929年红四军的八角帽和1930年的红军八角帽都是大八角帽，1931年的红军帽则是小八角帽。毛泽东曾作演讲，其中说道："红军军服领口上的两个红领章代表两面红旗。"陈毅则对军服的颜色作了说明："灰蓝色代表天空、海洋、青黛的群山和辽阔的大地。"

1934年踏上长征路的红军经过国民党部队连续5次的"围剿"，已经元气大伤。当时，红军的兵种主要是步兵，新补充的农民出身的战士占了绝大部分。据1934年春季的一次统计，中央红军的阶级构成是工人占30%，农民占68%，其中农民中的大多数（不少于77%）来源于中央苏区。他们走在一起，从外形上看，或许并不像一支正规部队。英国籍传教士R·A.勃沙特在贵州境内曾经路遇长征中的红军。他这样描绘第一眼见到红军的场景："这些人都戴着相同的帽子和佩戴着红色标志。帽子的顶很大，有点像西方赛马骑师帽。他们穿的衣服则很杂乱，简直一个人一个样。他们来自乡下

⊙石城县琴江镇：白茅塘陈氏宗祠内红军漫画

古村红痕

的小村,衣服是随手弄来的而又根本不注意布料颜色,其中有蓝、灰、紫、绿、黄、黑色等等。"这些红军是用江西方言和勃沙特交流的。

事实也确实如此。我曾经和几个失散老红军有过交流,不妨看看他们自己的口述。

原红一军团文书温玉珍说:"我后来去当红军,穿的是自己家着的衫,家里带点钱去用。"原红三军团通信员赖何南说:"那时候我们就是一件棉袄,一件夹衫,还有棉裤和绑带。都是自己打草鞋,不会打草鞋的就打赤脚。我不会打草鞋,叫他们帮我打,他们打草鞋的时候,两脚绷得笔古(方言,笔直)笔直,两手一捞,往上打。"

原红军卫生员黄伙寿说:"在于都发了棉袄,冇驮(方言,抗)枪,只有上操的时候连部才发枪下来,放哨的时候排长去领枪,只有抗生(音,实际是看护生,相当于护士)才不要放哨。发了绑带,很长,脚上绞了人字样。那时候10多岁,人蛮活。打了绑带就盐保肚(方言,小腿)不会胀痛。"

原少共国际师宣传队员白谦善说:"我们发了一支土枪,第二枪就打不远,只有一颗子弹打,心里很气。不像现在,扣得几快(方言,多快)就打得几快。"

⊙石城县赣江源镇秋溪虎尾坑:"如升"古民居内红军漫画

原太雷县邮政局兰福传说:"我们当兵的时候穿灰布衫,袄子里面是白棉布,帽子也是灰色的,前面有个五角星,风领(方言,衣领)上也车(方言,缝)了条红军的牌子。"

或许失散老红军们的记忆不够完整,或许他们的回忆有偏差。但是结合这些资料,我们还是可以勾勒出一幅当时的红军战士的画像来:

一群不到20岁的青年战士,他们大多是来自中央苏区的客家人,说着相互能大致理解的客家话。他们中有的穿着自己家里带去的衣服和鞋子,更多的是标准配置的战士服装:

灰色棉上衣,缀着平行四边形的红色领章,皮带上方是子弹袋,装着10天左右干粮的干粮袋,腰上别着大搪瓷杯子——里面塞着牙刷和毛巾,和几双自己打的布草鞋,脚上是利于行军的绑腿。

武器是必不可少的:出发时红军战士平均每人携带100发子弹,1支步枪,1把刺刀和2到4枚手榴弹。特殊部队的装备是另外一回事。至于梭镖,那是地方武装用的,正规红军已经不用这个了。

当然,腰上还可能藏着几块花边(方言,银元),那是家里带去的和长征前夕从苏区中央银行石城秘密金库取出发给大家救急的。

⊙石城县赣江源镇秋溪虎尾坑:"如升"古民居内红军标语

古村红痕

"千年封建都打垮，今天穷人有了家"

在石城县琴江镇沙垅村河背村小组，有一座客家古民居"培基屋"，又称"九十九间半"，是当地一户陈姓人家的住屋。因其富有客家风韵的建筑特色，在县内外都有一定的知名度。然而，在我看来，这座房子另外一点也很有意思，那就是右厢房楼上的那些苏区标语。当然，说右厢房，只是就我们所见而言，也许别的上了锁的房间里也有甚至有更多类似的标语，只是我们未曾得见罢了。

以下是所能辨识出的标语及相关文字（个别错别字已改正，标点为作者所加）：

"活捉朱绍良，消灭何应钦，活捉蒋介石，活捉陈诚，活捉罗霖。"

"纪念'三一八'，打倒帝国主义；纪念'三一八'，推翻反动统治。纪念'三一八'，建立苏维埃政权；纪念'三一八'，努力节省经济。"

"十三班班长，马少卿、黄云山、刘集现、罗邦德、华志鹏、林钦云、张德湘、黄少文、彭义尘（作者注：有些名字已经模糊，不敢肯定）"

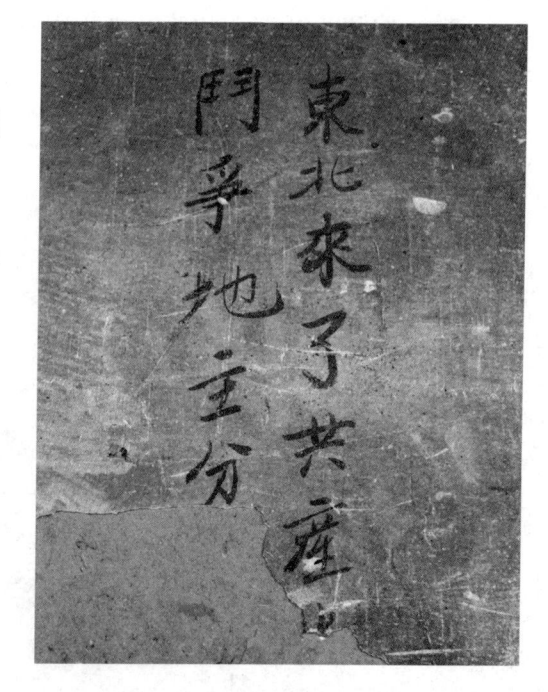

⊙石城县琴江镇沙垅："东北来了共产党，斗争地主分……"

"东北来了共产党，斗争地主分……"

"今天地主来讨债，明日恶霸来要款。千年封建都打垮，今天穷人有了家。"

除此之外，还有一些标语，未使用墨笔书写，而是用刀在粉壁上刻画出来的："农民起来打土豪分田地。""日帝国主义又进攻热河，用飞机炸许多劳苦群众与义勇军的救国同志。"

也许这些标语不是同一时期留下的，先看墨笔标语吧。从鼓动士气上看，这些标语应该是在战斗发生之前留下的。墨笔标语中，"朱绍良、何应钦、蒋介石、陈诚、罗霖"这些人物的列举很有意思。

从红军的情报工作看，高层显然已经掌握了前来"围剿"的指挥官名单，但是对于底层的士兵来说就未必了，他们的记忆很可能停留在已经结束的上一次反"围剿"，因为上一次"围剿"的双方战斗序列已经众所周知。

巧合的是，在标语所列举的敌军指挥官中，蒋介石自然不用多说，在其他人中：

第一次"围剿"（1930年10月）的总指挥是鲁涤平，辖朱绍良第六路军和鲁涤平第九路军（含罗霖第七十七师）。

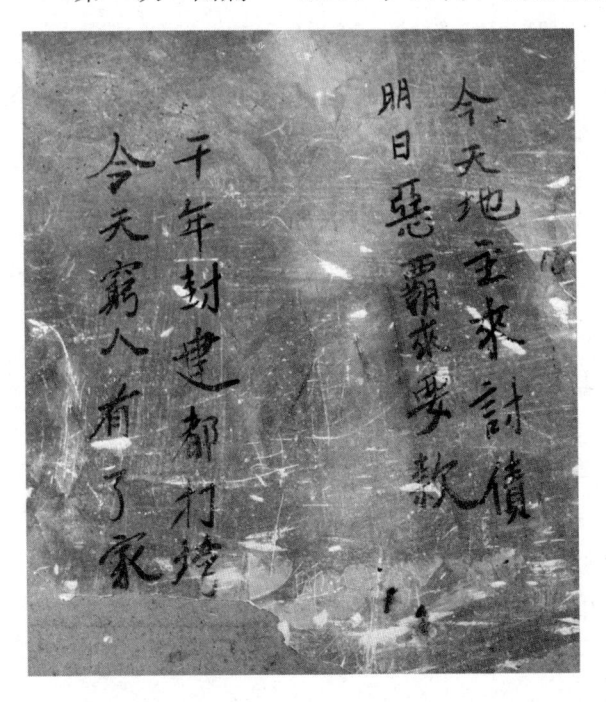

⊙ 石城县琴江镇沙塅："今天地主来讨债，明日恶霸来要款。""千年封建都打垮，今天穷人有了家。"

古村红痕

⊙石城县琴江镇沙塅:"活捉朱绍良,消灭何应钦,活捉蒋介石,活捉陈诚,活捉罗林(作者注:应为罗霖)。"

第二次"围剿"(1931年4月起)以何应钦为总指挥,辖蔡廷锴第十九路军、王金钰第五路军(含罗霖第七十七师)、孙连仲第二十六路军、朱绍良第六路军。其中,朱绍良所部主要进攻方向为广昌、黄陂。

第三次"围剿"(1931年6月)以何应钦为总司令,其中左翼集团军含朱绍良第三军团、蒋鼎文第四军团、赵观涛第一路进击军、陈诚第二路进击军,右翼集团军含蒋光鼐第一军团、孙连仲第二军团、上官云相第三路进击军,罗霖第七十七师则和其他部队在赣江西岸防守。

第四次"围剿"(1933年2月),何应钦为实际指挥官,含左路军蔡廷锴十九路军和福建地方部队,右路军余汉谋广东军队,中路军陈诚十八路军12个师为主力"进剿"部队。

⊙石城县琴江镇沙塅:"十三班班长,马少卿、黄云山、刘集现、罗邦德、华志鹏、林钦云、张德湘、黄少文、彭义尘"

也就是说,朱绍良参与了第一、二、三次"围剿",陈诚未参与第一、第二次"围剿",何应钦未参与第一次"围剿",倒是标语中很奇怪地提到罗林(应为罗霖),以一位小小师长却被列入红军的"黑名单"。如果说第一、第二次"围剿",罗霖在东路尚可理解,但第三次"围剿"时,罗霖远在赣江以西,到了第四次"围剿",罗霖已经因为擅自脱离淞沪战场被蒋介石监禁而不在军中。

再看这一时期的红军活动轨迹。按照红一方面军(1930年8月24日,红一军团与红三军团在湖南浏阳永和会师,组成红一方面军)总部1931年3月23日的命令,主力部队由根据地北部边缘的永丰、乐安、宜黄、南丰,转移到广昌、石城、宁都、瑞金等地,进行整顿、训练、筹款和做群众工作。其中,红四军移到广昌、驿前、石城、湛田一带。4月20日,方面军主力由宁都、石城、瑞金地区出发。为解决反"围剿"作战的经费困难,5月8日,项英、毛泽东、朱德又以中央革命军事委员会名义,发布《节省经费的训令》,规定平时每日吃两餐,每人每天只发伙食费八分……要求大家在现有经费内节省出半个月的经费。这与标语中的"纪念'三一八',建立

古村红痕

苏维埃政权；纪念'三一八'，努力节省经济"相互印证。

所以，如果按照这样的思路去理解，这些标语应该是第二次反"围剿"与第三次反"围剿"之间所写。也就是1931年3月到5月之间。

再看第二类标语，即红军用刀在粉壁上刻画出的部分标语。从"日帝国主义又进攻热河，用飞机炸许多劳苦群众与义勇军的救国同志"来看，这些标语应该书写于日本进攻热河之后。

很多人没听过热河这个中国旧时省份，当年的热河位于目前河北省、辽宁省和内蒙古自治区交界地带，省会承德市。热河战役，又叫热河事变、热河抗战，发生于热河省，时间为1933年2月至3月。由于伪满洲国成立时，"《建国宣言》"中即曾表达过凡长城以北关外东北四省均为"满洲国"领土，热河为伪满一部分。于是日本方面即根据《日满议定书》，积极侵略热河。当然，中国国内舆论肯定不会承认伪满洲国，2月11日，"国民政府行政院长"宋子文至北平，与包括张学良、宋哲元等27名将领一起发表"保卫热河"通电。2月21日，热河战役爆发，可惜，装备不良、士气低落的东北军节节败退。3月4日，省会承德失守，热河全境沦陷，至此东北全境沦入伪满统治之下。东北军关外余部转入游击战参加东北抗日义勇军，继续与日军

⊙ 石城县琴江镇沙塅："纪念'三一八'，打倒帝国主义；纪念'三一八'，推翻反动统治；纪念'三一八'，建立苏维埃政权；纪念'三一八'，努力节省经济。"

及伪满斗争。承德沦陷后几日,古北口沦陷,热河抗战结束,长城抗战开始。1933年5月26日,在中国共产党的推动和影响下,爱国将领冯玉祥、吉鸿昌、方振武在张家口成立察哈尔民众抗日同盟军。

据《赣南人民革命史大事纪略》载,1933年3月3日,中华苏维埃共和国临时中央政府发表宣言,反对日本帝国主义占领热河进攻平津。巧合的是,也是在这段时间,1933年2月至3月,敌军向中央根据地发动了第四次"围剿"。但是,从1933年苏区进入了扩大红军冲锋月的"红五月"开始,红军和地方政府都已经把精力放在了"扩红"上,而该处墙壁上却没有一点"扩红"的口号。考虑到当时通信条件落后导致信息传递缓慢,可以认为这些标语应该书写于红军第四次反"围剿"期间或之后不久,也就是1933年

⊙石城县琴江镇沙壩:"日帝国主义又进攻热河,用飞机炸许多劳苦群众与义勇军的救国同志。"

3月到6月之间。至于书写者，或许是从北部战线撤离的红军，或许是地方部队或政府。因为没有落款，又没有当时部队的行动记载，无法考证。

从资料看，粉壁上留下名字的那一班人，除非后来改了名字，否则似乎并没有成为开国将军，他们的最终命运如何，也已经不得而知。可以肯定的是，随着"围剿"次数的增多，红军的战果倒是在不断增大，下面不妨简单了解一下。

第一次反"围剿"：1930年12月，敌军先后调集"围剿"部队11个师另3个旅，约10万兵力。这时候红一方面军有第一、第三两个军团，共约4万人。红军在毛泽东、朱德指挥下，诱敌深入，歼灭敌军一个师部又三个多旅约1.5万人，缴获各种枪支1.2万余支。其后，红军实现由游击战到游击性运动战的战略转变。

第二次反"围剿"：1931年2月，敌军调集18个师另3个旅，约20万兵力。红一方面军仍是第一、第三两个军团，人数略有减少，约3万余人。从5月16日至31日，红一方面横扫700余里，连打五个胜仗，歼敌3万余人，缴枪2万余支。战役的胜利，使得红军进一步扩大了中央苏区的范围，从江西南部伸展到福建西部。

第三次反"围剿"：1931年7月，敌军调集23个师另3个旅，约30万兵力。7月至9月，红军六战五捷，共歼敌7个师，17个团，俘18000余人，缴枪15000余支。红军取得了丰富的作战经验，逐步形成了一整套红军的作战原则。

伟人词家毕竟不同，毛主席曾经写下一首《渔家傲·反第一次大"围剿"》来描述他眼中的反"围剿"，借来作为本文的结尾：

万木霜天红烂漫，天兵怒气冲霄汉。
雾满龙冈千嶂暗，齐声唤，前头捉了张辉瓒。
二十万军重入赣，风烟滚滚来天半。
唤起工农千百万，同心干，不周山下红旗乱。

"三期战争获全胜，
胜利原因要记清"

会昌县，周田镇，半岗村荷树下。

这儿有一条是我所见到的篇幅最长的红军标语，可以称为一首红军战斗史诗。

从一般的定义上说，史诗是叙述英雄传说或重大历史事件的叙事长诗，是一种庄严的文学体裁，内容为民间传说或歌颂英雄功绩，它涉及的主题可以包括历史事件、民族、宗教或传说。从认识上说，史诗既有相当的真实认识为基础，又有着一定的想象；既有宏大的叙述，又有一些个性的细节描写。我觉得，面前的这一满墙半韵半白的七言长诗，将近2000字，仅仅描写了一次战争的经过，基本上符合了这些特点。

因为年久湮没，标语的第一行已经看不见，只能从第二行开始看起，加上后人在室内打钉挂物的影响，有个别字已经无法辨认。尽管如此，这条红军标语依然让人震撼。标语作者袁国平，中央苏区时期，曾担任红军总政治部副主任兼红一方面军政治部代理主任等职务。为粉碎敌人对中央苏区发动的第三次军事"围剿"，袁国平创作了这首《三期革命战争胜歌》，以激发红军官兵的旺盛斗志。字里行间那份属于红军的自豪感，依然让数十年后的读者激动不已。

"反革命的蒋介石，多次讨赤来南昌。增口白军三十万，并进长追入赣南。派定三路伪指挥，右路指军陈铭枢，左路指挥朱绍良，中路指挥孙连仲……"

在第二次国内革命战争中，蒋介石在前两次"围剿"失败后，于1931年6月21日，亲自带着德、日、英等国军事顾问到南昌，就任"围剿"军总司令，以何应钦为前敌总司令，调集二十三个师

古村红痕

另三个旅,约三十万人的兵力,准备发动第三次"围剿"。敌人的这次"围剿",采取长驱直入的作战方针,企图先击破红军主力,捣毁我根据地,然后再深入进行"清剿"。

长诗中对敌军的表述有个别的出入,如三路指挥者的名字有的不对,但很明显,说的是第三次"围剿"红军时候的编制。毕竟,别说红军基层所掌握的消息不一定完全准确,便是当时红军高层,情报的来源也是有限的。

长诗中对苏区建设的叙述则明显准确得多:"哪知中国共产党,领导红军有主张。彻底分配田和地,发动群众千百万。坚决□造苏维埃,工农政权立坚强。加紧肃清反动派,红军团结铁一般。扩大地方游击队,武装群众好参战。多对白军作宣传,争取士兵来投降。"通过土地革命调动了最广大农民的积极性以后,红军从各个不同方面着手,提高部队战斗力,肃清政权周围的不稳定因素,扩大武装,并继续推进优待俘虏等战时举措,为日后的战斗做好充分准备。扩大苏区筹足粮饷后,红军士饱马肥回到赣南。

这时候,"赣南敌情日紧张,诱敌深入不慌忙。放弃黄陂和小布,让出东固与龙岗"。红军面对敌人的长驱直入,采用放弃部分地区、张好口袋的战法,采用持久战、坚壁清野等措施,导致敌军"行军无人作向导,作战派不出侦探。病兵落伍被活捉,交通送信被截拦。前进农民挖断路,三日难过两口山。驻军又有农民扰,四方八面都

⊙会昌县周田镇半岗村荷树下:"红军独立第二师是工农自己的武装……"

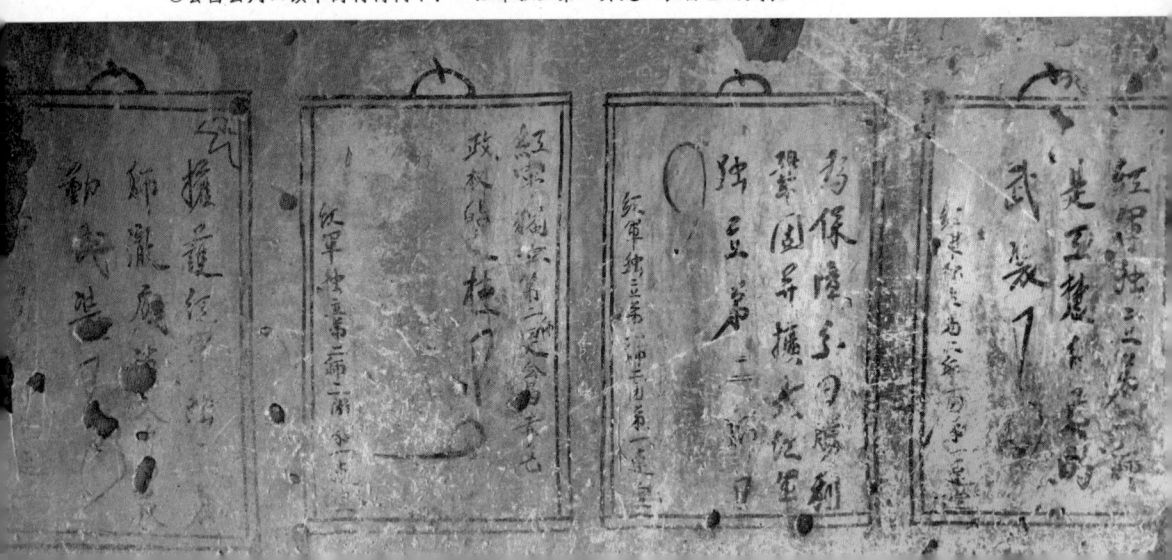

打枪"。白军不知道红军有几多万,不知道主力红军到底在哪方。没有吃没有穿,"敌人最苦是给养,油盐米菜无一样"。长诗里想象敌军情景是"找得米来无锅煮,找得锅来无米粮。一日难得一餐□,两日至少饿三餐。官长饿得喊倒霉,士兵饿得常骂娘。肥的拖瘦瘦拖死,未曾打战损一半",将失魂落魄的敌军生活场景描绘得活灵活现。"此时敌人进退难"。而对比之下的红军,则是"红军士气非常旺。个个都愿打冲锋,个个都愿拼死战。磨好刺刀擦好枪,擒捉白军师旅长"。各地工农群众也在广泛发动下踊跃配合红军来作战:"有的组织担架队,随队出发往前方。有的组织输送队,帮助红军送弹粮。有的带路□向导,□的派出当侦探。妇女组织慰劳队,鼓励红军上战场。英勇劳动童子军,欢送红军到路旁。"

接下来的战斗描述,自然是站稳红军立场,长诗里对战斗进行了详尽的描写,换成军史文字,是这样表述的:

在敌人重兵压境的情况下,红一方面军决定采取"避敌主力,打其虚弱"的作战方针,指挥红军由兴国经万安突破富田一线,然后由西向东,向敌之后方联络线上横扫过去,让敌主力深入赣南根据地置于无用之地。但正当红军向富田开进之际,被国民党发觉,敌第十一、十四两师先于红军到达富田。在红军西临赣江,东、南、北三面受敌的危急形势下,总部决定改取中间突破,向东面的莲塘、良村、黄陂方向突进。敌人发觉主力东去,从8月9日起,将其向西向南的

⊙会昌县周田镇半岗村荷树下:"庆祝红军独立第二师的成立"

⊙会昌县周田镇半岗村荷树下:"巩固苏维埃政权"(刘小海摄)

部队,转旗向东,取密集的大包围姿势,接近了集中地——君埠以东地区。这时,红军以红十二军(欠第三十五师)向乐安方向佯动,待敌发现红军集结地域再向西进时,红军已休整半月,而敌已被红军拖得疲惫不堪,无能为力,不得不于9月初开始退却。红军乘敌退却之机进行追击,除高兴圩仗与敌第六十师、第六十一师打成对峙外,于9月7日在老营盘歼敌第九师一个旅;9月15日,在方石岭全歼敌第五十二师及第九师一部,又打了两个胜仗。至此,红军六战五捷,击溃敌人七个师,歼敌十七个团,毙伤俘敌三万余人,缴枪两万余支。

总之,为打破蒋介石对中央苏区的第三次"围剿",红一方面军在苏区人民群众和地方武装的支援、配合下,运用灵活机动的战略战术,往返穿插于国民党军重兵集团之间,疲惫敌军,避强击弱,速战速决,以少胜多,取得了重大胜利,巩固和扩大了中央苏区。

诗歌的语言与记录性的历史回忆自然有不同,基层群众所能掌握到的信息和资源也毕竟有限。比如,韩德勤其实没有在战争中死亡,所谓俘虏到的"蓝军长"也不知所指是谁。也许是指被击毙的上官云相部四十七师的旅长谭子钧。从阶级立场出发叙述,在反"围剿"作战中,红三军军长黄公略、红四军师长曾士峨、红三军团师长邹平牺牲这些都没有在诗歌中表现。

诗歌结尾部分首先对胜利的原因进行了自己的分析:"三期战争获全胜,胜利原因要记清。第一莫忘共产党,共产主张样样灵。第二红军团结紧,十人团结胜千人。第三群众力量大,群众拥护一定□。学此经验和教训,不愁百战不百胜。"突出强调了三点,一是共产党的领导,二是红军的团结,三是群众的力量。

我们读过的教材对这一次战争侧重于战略战术的分析,即在毛泽东、朱德等领导下,中央根据地军民经过三次大规模反"围剿",取得了丰富的作战经验,逐步形成了一整套红军的作战原则:

在国民党"围剿"开始之前,积极做好反"围剿"的准备;在强敌"围剿"开始时,先实行战略退却,诱敌深入,造成反攻的条件;而后转入战略反攻,打破国民党的"围剿",在战略反攻时实行歼灭战。作战形式上以运动战为主,并与游击战相结合。在战役战斗上实行速决战，集中优势兵力，各个歼灭。在国民党"围剿"被打破转入守势时，红军转入进攻，依托根据地向外发展。

长诗的结尾还专门分析了这次战争的意义："三期战争胜利大，革命声威震中华。帝国主义吓破胆，军阀吓得遍身麻。"与此形成对比的，是"工农群众大兴奋，斗争勇气越增加。建立全国苏维埃，打倒国民党军阀"。

诗歌至此戛然而止，没有提到同在这一年发生的别的大事件。特别是意义深远的11月7日到20日在瑞金叶坪召开的中华苏维埃第一次全国代表大会。也没有提到11月27日瑞金改名瑞京，彭德怀指挥红三军团第三师攻占会昌县城等重大事件。回头想到，1931年9月21日，红一方面军总司令部在兴国总部发布《第三期战争胜利捷报》，随后决定红军主力集中于汀州，以其为中心在闽赣边界分兵发动群众，扩大红色区域。10月上旬开始，红三军团在会昌、安远、于都集中兵力消灭苏区内的白色据点，肃清反动武装。根据这些信息，可以推测，这首红军战斗史诗，或许其书写的时间在1931年9月底到10月初，红三军团转战于这一带的那一段时间。

果然，佐证材料很快就找到了：同样在半岗村荷树下，有一条标语"巩固苏维埃！"，落款是"中国工农红军独立弟二师二团（宣）"，另一条标语是"庆祝红军第口师的成立"，落款是"红军独立弟二师二团弟一连（宣）"。当然，这里的"弟"都当为"第"。查阅党史资料，可以知道，就是在1931年9月，红三军团帮助会昌广大农村建立了区、乡苏维埃政权。在红三军团帮助下，会昌和瑞金、于都边界地区武装合编，组建了工农红军独立第二师，龚楚（后叛变）任师长，该师随后于1932年春编入红军独立第三师。

标语的书写者肯定想不到，"三期革命"胜利后，还会有"四期""五期"，还会有二万五千里长征，有八年抗战，有解放战争。当初纠结于一乡一镇一山一岭得失的数万部队，仅仅不到二十年，就获得了解放战争的胜利，成立了新中国，真的做到了"建立全国苏维埃，打倒国民党军阀"。

要是可以穿越过去，你想跟标语的书写者说些什么呢？

古村红痕

○会昌县周田镇丰岗村荷树下：三期革命胜利歌。（刘小海摄）

三期革命胜利歌

□□□□□□
帝国主义起恐慌。
指挥军阀国民党,
进攻革命好凶残。

反革命的蒋介石,
多次"讨赤"来南昌。
增□白军三十万,
并进长追入赣南。

派定三路伪指挥,
路路都是杀人王。
右路指军陈铭枢,
纵兵殃民在吉安。

左路指挥朱绍良,
奸淫烧杀在建昌。
中路指挥孙连仲,
放马吃禾在乐安。

这样布置还不够,
另想许多新花样。
空中安排侦炸机,
地下散布炸枪弹。

强迫成立守望队,
暗地组织 AB 团。
又派奸细黄梅庄,
挑拨离间朱彭黄。

种种阴谋和毒计,
无非想把红军亡。

哪知中国共产党,
领导红军有主张。
彻底分配田和地,
发动群众千百万。

坚决□造苏维埃,
工农政权立坚强。
加紧肃清反动派,
红军团结铁一般。

扩大地方游击队,
武装群众好参战。
多对白军作宣传,
争取士兵来投降。

根本政策决定好,
先出筹款后打仗。

敌人不进我先进,
分兵黎川建太宁。
分兵工作有两件,
一打土豪两分田。

农民除了土豪害,
红军筹足打战钱。
闽边五县均赤化,
赣闽赤区成一片。

扩大苏区筹足饷,
士饱马肥回赣南。

赣南敌情日紧张,

诱敌深入不慌忙。
放弃黄陂和小布,
让出东固与龙岗。

决定三月持久战,
坚壁清野困地方。
群众力量真伟大,
我不困难敌困难。

行军无人作向导,
作战派不出侦探。
病兵落伍被活捉,
交通送信被截拦。

前进农民挖断路,
三日难过两□山。
驻军又有农民扰,
四方八面都打枪。

不知红军几多万,
不知红军在哪方。
敌人最苦是给养,
油盐米菜无一样。

找得米来无锅煮,
找得锅来无米粮。
一日难得一餐□,
两日至少饿三餐。

官长饿得喊倒霉,
士兵饿得常骂娘。
肥的拖瘦瘦拖死,

古村红痕

未曾打战损一半。

此时敌人进退难,
红军士气非常旺。
哥哥都愿打冲锋,
个个都愿拼死战。

磨好刺刀擦好枪,
擒捉白军师旅长。
工农群众踊跃来,
配合红军来作战。

有的组织担架队,
随队出发往前方。
有的组织输送队,
帮助红军送弹粮。

有的带路□向导,
□的派出当侦探。
妇女组织慰劳队,
鼓励红军上战场。

英勇劳动童子军,
欢送红军到路旁。

工农红军动员好,
正式与敌来决战。
诱敌主力向西去,
八月六号打莲塘。

莲塘一战全获胜,
缴了敌人两师枪。
五十四师郝梦麟,

四十七师官云相。
旅长团长均被捉,
俘虏官兵有一万。
缴得两架无线电,
活捉一个蓝军长。

莲塘胜利敌更慌,
红军士气更发扬。

乘胜追击往北上,
装模作样打龙岗。
红军计策非常奇,
不打龙岗打黄陂。

黄陂贼将毛炳文,
工事做了两三层。
他欺红军难攻坚,
固守工事待外援。

哪知红军有决心,
不下黄陂不撤兵。
四军集团冲锋进,
侧翼包抄五八军。

敌人军心大不稳,
枪声一响上下惊。
官长化装图逃命,
士兵倒戈喊欢迎。

红白弟兄一条心,
顷刻消灭毛炳文。

黄陂打下蒋贼慌,

调兵遣将无主张。
又要蒋蔡往东追,
又要陈罗救龙岗。

黄陂小布要恢复,
东韶洛口要布防。
红军将计来就计,
主力潜移西战场。

小部诱敌向东去,
轻装远袭取乐安。
这样战略真正好,
敌人全被欺骗了。

飞机不知我方向,
专往东边丢炸弹。
炸弹丢了无数个,
自己作恶自受祸。

至此军阀兵虽多,
群众力量莫奈何。
蒋贼"讨赤"有决心,
此时决心化成水。

十万廿万不中用,
三十万兵枉费神。
步步为营失败过,
并进长追也不行。

从前责怪何与鲁,
这回失败怪谁人。
看来红军真难胜,
要胜红军万不能。

全国军阀又反蒋，
"讨赤"收场总退兵。
红军料定敌退兵，
主力集兵在龙坪。

九月七号齐出击，
猛攻蒋蔡蒋鼎文。
三军堵住老营盘，
七军堵住兴国城。

英勇四军五八军，
血战蒋蔡在高兴。
战线横亘七十里，
弹雨枪林杀气腾。

前卜（仆）后继冲锋进，
阶级战士显奇能。
好笑敌人无线电，
彻夜不停喊救命。

整整血战两昼夜，
蒋蔡死伤四千人。
高兴河内水尽赤，
长迳口边尸遍横。

消灭一个独立旅，
俘虏白军两千人。
杀得蒋韩往北窜，
杀得蒋蔡退兴城。

红军越杀越有劲，
跟踪追击不留停。
九月十二到白石，
围袭退兵韩德勤。

敌我相持方石岭，
韩逆阵亡命归阴。
五十二师全被俘，
未曾走脱一个人。

还有九师炮兵团，
也在这次消灭尽。
缴得步枪四千多，
水旱机关七十挺。

手花机关廿余枝，
子弹百万还有零。
红军弟兄哈哈笑，
白军兄弟也欢欣。

他们都说军阀恶，
缴枪红军最甘心。
此番回去要革命，
拖枪再来当红军。

三期战争获全胜，
胜利原因要记清。
第一莫忘共产党，
共产主张样样灵。

第二红军团结紧，
十人团结胜千人。
第三群众力量大，
群众拥护一定□。

学此经验和教训，
不愁百战不百胜。

三期战争胜利大，
革命声威震中华。
帝国主义吓破胆，
军阀吓得遍身麻。

工农群众大兴奋，
斗争勇气越增加。
建立全国苏维埃，
打倒国民党军阀。

古村红痕

⊙ 打倒国民党。（石城县小松镇胜和村店下）

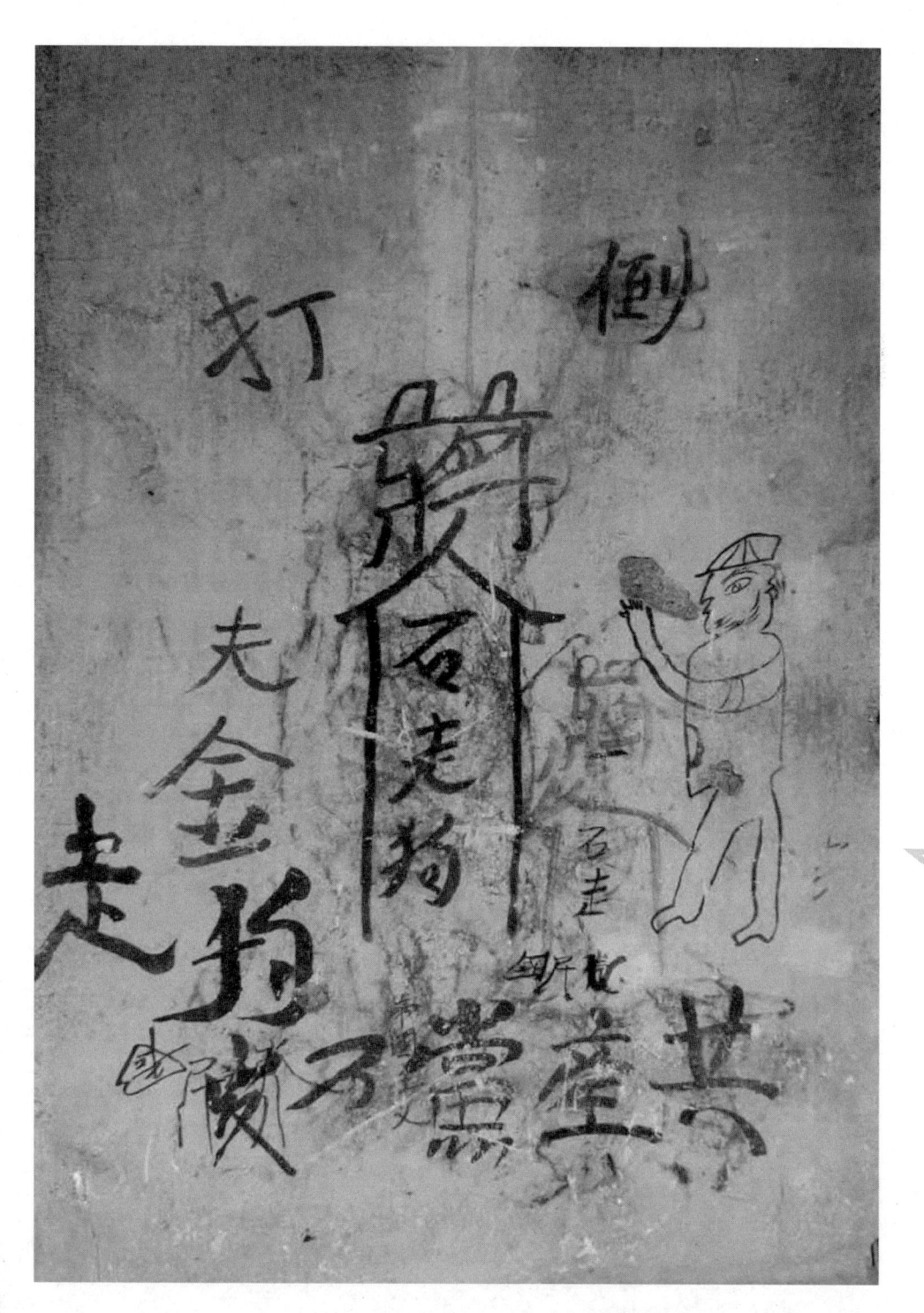

⊙ 打倒蒋介石走狗！共产党万岁！（石城县琴江镇梅福红一军团医院旧址）

古村红痕

"欢迎白军弟兄 快快拖枪过来当红军"

石城县屏山镇陈坊村里有一座"祥迎天福"古民居,从外表看上去只是个旧门廊。虽然石门框上的"进门杀土豪,出门斩劣绅"已经明确告诉你这儿曾经有过故事。但是继续往里走,会有更多发现——那是一段改变中央红军命运的往事。

"欢迎智识份仔(编者注:知识分子)来红军"

"白军是王八旦(编者注:蛋)"

"打倒蒋介石,打倒土豪劣绅"

"欢迎白军弟兄打土豪分田地"

"士兵不打士兵,穷人不打穷人"

"欢迎白军士兵自己举出官长成立红军"

"白军弟兄你在山东河南苦战得了什么"

"欢迎白军弟兄快快拖枪过来当红军"

⊙石城县屏山镇陈坊:"欢迎智识份仔来红军""白军是王八旦"

⊙石城县屏山镇陈坊:"士兵不打士兵,穷人不打穷人"

　　这些标语完全是针对当时驻扎在宁都的孙连仲二十六路军而书写的。二十六路军原为冯玉祥西北军第二方面军第五路军。1930年冯玉祥在中原大战失败后,该部投奔蒋介石,改编为第二十六路军,调山东济宁一带整编,孙连仲任指挥官,辖骑兵第四师及第二十五、二十七师。

　　二十六路军原系冯玉祥西北军之一部。大革命时期,很多共产党员在该部队开展过工作,共产党的政治主张对其官兵产生了深刻的革命影响。1927年大革命失败后,大部分共产党员被迫离开这支部队,只有少数未暴露身份的地下党员仍在该部队秘密开展工作。

　　1931年1月,蒋介石令孙连仲以"江西清乡督办"名义,率该路军从山东开赴江西,参加对赣南革命根据地的第二次"围剿"。同年5月,该军在中村被歼1个旅。7月,参加对中央根据地的第三次"围剿"并进驻宁都。9月,敌军第三次"围剿"失败后,其他"围剿"部队先后撤出,但该路军仍留宁都驻守,处于苏区军民的包围之中。红军反"围剿"之胜利,给第二十六路军以深刻的影响。"九一八"事变后,第二十六路军官兵要求回北方抗日救国,又被拒绝。加上官兵多出身于北方,不服南方水土,营中疟疾、赤痢流行,死亡时有发生。红军的政治瓦解,使该路军军心日渐不稳。

古村红痕

⊙石城县屏山镇陈坊:"白军弟兄你在山东河南苦战得了什么"

⊙石城县屏山镇陈坊:"欢迎白军弟兄快快拖枪过来当红军"

不久,孙连仲离赣去外地治病,由第二十五师师长李松昆代理总指挥。隐蔽在该部的共产党员,遂更为积极地开展工作,因势利导,发展党员。第七十三旅旅部参谋、共产党员刘振亚经中共中央指定为党特支书记,10月,中国共产党中央委员会批准该军总指挥部参谋长赵博生为共产党员,并根据中共中央的指示,秘密进行起义的宣传和组织工作。

1931年12月初,隐蔽在第二十六路军中的地下党员的名单落入敌手,起义计划被发现,隐藏在该部的共产党负责人刘振亚、袁汉澄迅即处于危险之中。12月9日,蒋介石又派飞机送去一网打尽该部革命者的手令。在此情况下,刘振亚、袁汉澄等共产党员立即与赵博生商量,经秘密策划并与红军取得联系之后,决定趁第二十六路军总指挥孙连仲和第二十七师师长高树勋不在部队的时机,采取果断措施,于12月14日举行起义,并派袁汉澄等到瑞金向中共苏区中央局报告准备起义的计划,并取得指示:以联合红军抗日为发动起义的政治口号,由赵博生争取第七十三旅旅长董振堂、第七十四旅旅长季振同支持起义。经过赵博生做工作,董、季二位爱国将领同意参加起义,还争取了第七十四旅一团团长黄中岳参加。中央革命军事委员会为保证起义顺利进行,派王稼祥、刘伯坚、左

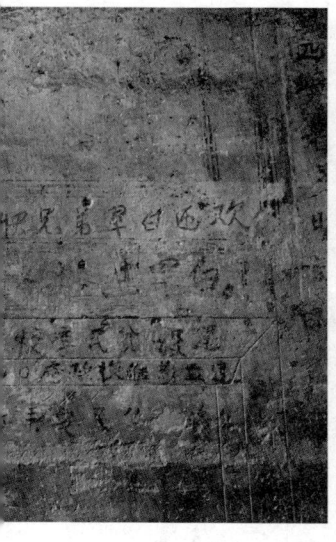

⊙石城县屏山镇陈坊："欢迎白军士兵自己举出官长成立红军""欢迎白军弟兄打土豪分田地"

权等到宁都城东南固村就近联络指导，并令红四军牵制周边白军，支援宁都起义。

12月14日下午，赵、董、季、黄等按照事前商定的计划，全军一个军直、两个师直、六个旅直、十一个整团，共17000余人，携带两万多件武器，全部参加了起义（该路军驻南昌和宜黄的办事处，在抚州的新兵训练队和宜黄的炮兵营及李松昆带走的二十七师七十九旅一团侯象麟部未参加起义）。晚上，起义军向全国发出《原国民党第二十六路军于宁都起义加入红军宣言——中国工农红军第五军团宣言》。随后，部队在秋溪进行整编并正式组建红五军团。

30年后，在军队工作的宁都起义参加者中，1955年至1964年期间，共有31位被授予中国人民解放军将军军衔。他们是：上将李达，中将王秉璋、孙毅、孙继先、李雪三、韩振纪，少将王谦、王振祥、王蕴瑞、刘放、刘丰、孙润华、李毅、李化民、谷广善、汪洪清、苏进、侯世奎、张汝光、张步峰、张松平、张明远、孟庆山、徐国珍、郭卓辛、黄德魁、熊伯涛、鲁瑞林、曹灿章、靳虎、靳来川。

而开篇的那些标语，便是当时为消灭地主土围和山寨，同时策应起义而驻扎在屏山一带的红四军所书写的，而那座房子，是红四军十一师拔除红石寨指挥部旧址，今为县级文物保护单位。

古村红痕

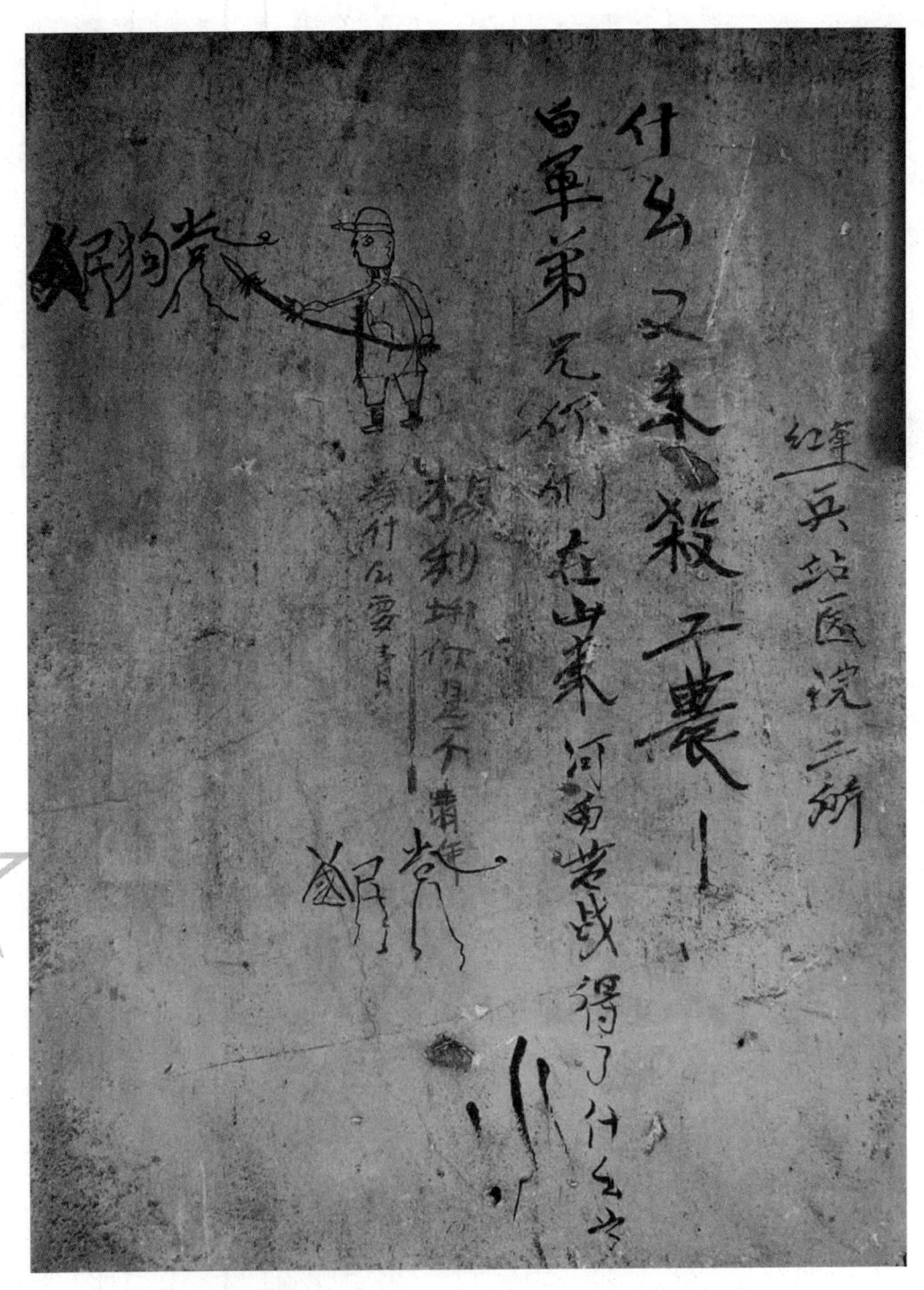

⊙红军兵站医院三所！为什么又来杀工农！白军弟兄们你们在山东河南苦战得了什么？（石城县琴江镇梅福红一军团医院旧址）

⊙欢迎白军士兵来当红军！消灭豪绅地主！打倒国民党军阀！反对帝国主义！拥护中国共产党！（石城县琴江镇沙垅村）

古村红痕

"革命同志谁领导，
列宁主义共产党领导"

虽然作为省级文物保护单位的"秋溪整编"旧址是赖氏家庙和孔良公祠，但是要寻找那段记忆，还可以去秋溪虎尾坑"如升"古民居（红五军团司令部旧址）。因为，那座看上去破旧的古民居，依然保留着大量红色痕迹。

"革命同志谁领导，列宁主义共产党领导；革命同志真真是好，土豪劣绅一其（起）打倒；革命不久都成工（功）了，同志们好好努力工作。"

"活捉蒋介石狗头，武装拥护苏联。红军IIII（宣）"

"活捉成（陈）诚罗卓英，红军民九（宣）"

⊙ 石城县赣江源镇秋溪："革命同志谁领导，列宁主义共产党领导；革命同志真真是好，土豪劣绅一其（起）打倒；革命不久都成工（功）了，同志们好好努力工作。"（右）

⊙ 石城县赣江源镇秋溪："活捉蒋介石狗头，武装拥护苏联。红军IIII（宣）"（左）

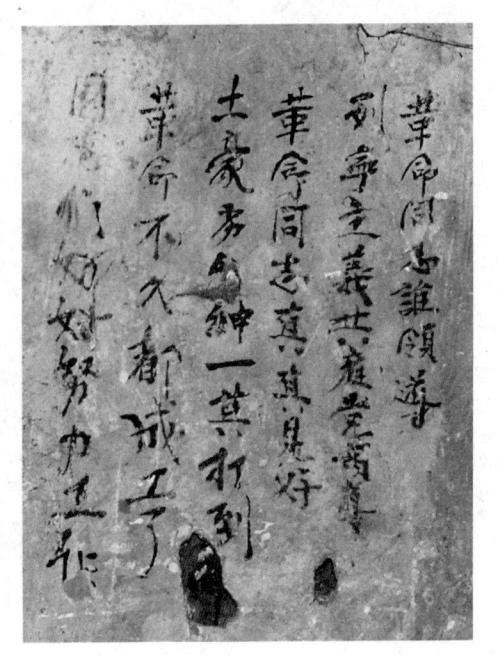

⊙石城县赣江源镇秋溪："活捉成（陈）诚罗卓英，红军民九（宣）"

这些还只是标语口号，还有一些是标语与漫画结合在一起的。

"中国工农红军五军团十四师，要打倒帝国主义国民党，完全把国民党消灭了。"标语下面和左边就是一系列的漫画：

右边是7个红军士兵，第一个单手举着红星镰刀斧头旗帜，另一手准备拔枪；第二个右手持驳壳枪，左手拿大刀；第三个单手拿刀；第四个半伏在地上向前瞄准；第五个双手各举着一把大刀；第六个趴在地上控制马克沁机关枪；第七个双手撑着红星镰刀斧头旗帜。在他们前面应该是四个敌军士兵像，第一个已经躺在地上，却被一把枪瞄准着，另一把步枪掉落在他的脚前；第二个士兵脚在前，头回转，一手将驳壳枪准备交给红军，另一手拿着武装带；第三个士兵似乎被数不清的子弹击中，横在地上；最左边的一个，也就是第四个则躺在地上，一手还提着个包，另一手似乎拿着枪或者剑。完全是形象而生动的战场漫画。

如果说前面其他标语有可能是其他部队或者红四军在策应宁都起义部队前反"围剿"的时候写的话，那么，无论是从标语落款、内容还是从漫画的装饰、武器看，最后这一条标语和漫画明显是红五军团整编之后所描写。

1931年12月中旬，得悉第二十六路军准备起义的消息后，临时中央政府主席毛泽东、中革军委主席朱德以及肖劲光等从瑞金来到石城，在秋溪罗云山"西贵堂（音）"召开紧急会议，研究部署二十六路军起义后的整编事宜。为策应起义部队，红四军所部驻扎在石城南北各处，在进行军事部署的同时，积极进行政治宣传。上述标语应该就是在此期间由红四军的宣传员所写。

12月17日，起义军到达秋溪、龙岗一带驻扎，并开始着手整编。毛泽东以中共苏区中央局代理书记和中华苏维埃共和国主席的身份，负责指导红五军团的建设工作。在红五军团，同其他红军部队一样，建立政治委员制度。经他批准，中革军委从红军中选派了一些黄埔军校毕业或留过洋的干部，如刘伯坚、左权、程子华、朱瑞、唐天际等到红五军团工作，并任命曾在冯玉祥部任过第二集团军总政治部副部长的刘伯坚为红五军团政治部主任。

秋溪整编的目的主要是进行以建立共产党对这支军队的绝对领导为中心内容的"换血"工作。首先对愿留下的起义军官，欢迎并组织他们学习，进学校搞干部教育；对要求走的军官，欢送并发给路费。然后采取混编办法，将原二十六路军第十五军的七十四旅编入红十三军，第十五军的其他官兵编入红一军团，第十四军编入红三军团；同时从红一、三军团或其他老红军部队中抽出部分队伍编成新的第十四军、第十五军；新的第十三、十四、十五军组成红五军团。同时在部队建立党的组织和政治制度。解散了原第二十六路军的地下党组织，建立新的党组织。班、排设党小组；连设党支部，派任党代表；营以上设党委，派任政治委员；团以上设政治部，派任政治部主任。建立民主集中制制度。连以下干部由战士民主选举代表组成革命士兵委员会，实行民主管理。组织政治学习，开展军事训练。提高部队的政治、军事素养，克服旧军队的各种不良作风。并经各级党组织考察及本人要求，发展新党员。其中第十三军军长董振堂、红五军团总指挥季振同等人在整编期间先后入党。

12月22日，在秋溪举行了庆祝整编胜利大会。红一军团第四军、红五军团和大由、龙岗、秋溪、横江、屏山等地的群众两万多人参加了大会。毛泽东、朱德、罗荣桓、肖劲光等出席了大会，毛泽东、朱德在大会上做了重要讲话。

经过近两个月的整编,起义官兵的政治素质和军事能力显著提高,成为中国工农红军的一支劲旅。

　　宁都起义部队参加的第一场小战斗是红石寨战斗。位于屏山镇河东村的红石寨由大、小两寨组成。1931年10月上旬,红军向石城挺进时,石城、宁都、瑞金、宁化、广昌等地的地主和靖卫团及部分群众相继逃往寨内。他们企图以1000余兵力和充足的粮食、弹药顽固抵抗,是当年中央苏区内最大的白色据点。从曾思玉、吴富善等将军的回忆录看,当时缺少重型装备的红军对固守山寨的地方武装还是没有办法。直到1932年1月1日清晨,宁都起义部队钢炮连赶来支援,攻寨部队对红石寨发动了猛烈的攻击,才终于将红石寨攻克。

　　红五军团成立后参加的第一场大战是赣州战役。1932年1月10日,中央革命军事委员会下达了《攻取赣州的军事训令》。但因为敌军的有效守城,加上强有力的支援,红军攻城失败,且面临着被包围歼灭的危险。得到命令后,红五军团迅速赶到赣州,对敌军的围袭进行反扑,掩护主力部队撤退。这一仗打出了红五军团的军威。

　　长征开始后,红五军团在战斗中死扛硬顶,紧紧地堵住了十多万敌军的"追剿",保证了中共中央的安全,被誉为"长征铁卫"。

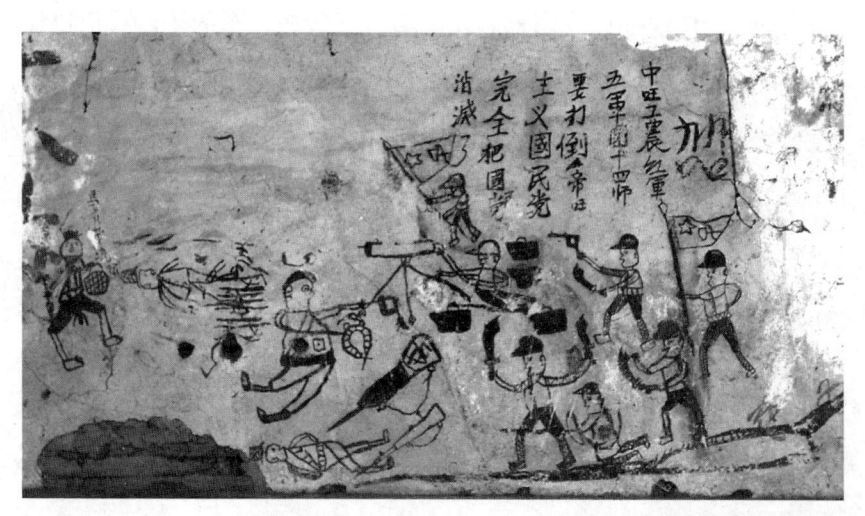

⊙石城县赣江源镇秋溪:"中国工农红军五军团十四师,要打倒帝国主义国民党,完全把国民党消灭了。"漫画

古村红痕

"努力扩大一百万铁的红军"

要改变社会制度必然会引发矛盾，要解决矛盾不外乎两个手段：谈判或者打架。谈判与打架都需要资本。而这资本首先便是人才，能说的是人才，能打的也是人才。

20世纪30年代初，中国共产党领导的红军与当时蒋介石指挥的白军便在赣南闽西一带鏖战。在这场敌军视为"剿匪"、红军称作反"围剿"的战事中，无数客家子弟的青春与热血倾注在家乡这片土地上。

在石城县赣江源镇友联村，有一条标语，见证了一个特殊的时刻："努力扩大一百万铁的红军"。类似的是宁都县肖田乡红一方面军总部旧址内，也有内容相似的标语："创造铁的红军"。

记得2011年我在采访一位失散老红军、原红八军团工兵温锡禧的时候，他说他已经忘记具体是哪一年参加红军的了，只记得那

年 18 岁，春天里，村里通知所有年轻人都要去检查，身体正常就要去当红军，要"扩大一百万铁的红军"，他笑着说，哪里有什么铁的红军嘛！这是欺骗国民党的，让他们怕我们，不敢和我们打。然而，对于红军的组织、指挥者来说，事情却远远没有"怕"这么简单。

为扩大红军力量，补充损失的兵员，红军不但通过优待俘虏政策积极争取敌军俘虏兵投诚，争取敌军官兵反水（起义），也同时采取各种措施，进一步挖掘苏区内部兵员潜力。1932年9月20日，中央执行委员会发布《关于扩大红军问题训令》，要求各地迅速纠正扩红中存在的问题，准备将自愿兵役制转变为义务兵役制。同时要求各地认真组织健全赤卫队军、少先队。赤卫军每县成立一军，县苏维埃军事部长兼任军长，县委书记兼任政委；三区成立一师，师长由军区委任某区军事部长担任；每区成立一团，每乡成立一营；城市以工人为主单独成立工人模范军。此外，每县成立一模范赤卫师，每区成立一模范赤卫营，为半脱产的地方武装和红军后备部队。据此训令，兴国、于都、胜利、宁都、瑞金、安远、会昌、石城等县，都相继组建了县赤卫军和赤卫军模范师。不过，这时候的这些赤卫军更多的是各县的上报数，未必真正成立，即使成立也只是高

⊙ 石城县赣江源镇秋溪："努力扩大一百万铁的红军"

古村红痕

⊙宁都县肖田乡"红一方面军总部旧址"内:"创造铁的红军。"(曾晨英摄)

举红旗手拿梭镖的地方武装力量。

有意思的是，1932年11月，江西省苏维埃政府公布了部分县人口普查结果：兴国231826人，宁都273652人，寻乌73430人。另据中共江西省委1932年5月统计，瑞金24万人，会昌24万人，于都191000人，胜利县153330人，石城县136000人。整个中央苏区在1932年的时候，总人数为187万人。当然，这个数目，对于个体的农民而言，没有任何意义。在他们看来，1000以上就已经是眼花缭乱了，和100万并没有根本区别。

但是，实质性的问题马上就要来了。1933年4月，中共中央局和中央政府决定，以红五月作为"扩大红军冲锋月"。经过动员，5月1日，兴国模范师全师5161人加入红军，编为红三军团六师，对全苏区扩红突击运动起到了助推的作用。5月22日，瑞金模范师4200人加入红军，编入红一军团三师。5月27日，胜利县"胜利师"2895人编为两个团加入红军。从5月下旬到6月中旬，于都县模范师1900余人，赣县模范师1860人，博生县模范师1700余人，石城县800余人组成的"石城团"，均陆续加入主力红军。

不过，上面这些都还只是铺垫，高潮还在后面。为了准备第五次反"围剿"，1933年7月24日，中共中央局做出《关于帝国主义国民党五次"围剿"与我们党的任务》的决议，提出"创造一百万铁的红军"来与国民党五次"围剿"实行决战。这也是第一次提出"扩大一百万铁的红军"的口号。8月1日，中革军委发出训令，对红军各军团的兵员补充划定了区域范围，其中规定，瑞金、会昌、石城、彭湃、长胜等五个县为红一军团补充区。8月5日，少共国际师在博生县成立。8月上旬，中共江西省委决定，要在当年余下的4个月内扩大红军44000人，动员归队6000人。8月16日，新成立太雷县，并迅速成为苏区扩红的先进代表。1934年5月，广昌、筠门岭、建宁、龙岗等地相继失守，中革军委发表宣言，号召苏区全体赤少队员（赤卫队和少先队）、工农群众"武装起来，到红军中去"。中共中央和中革军委提出，在5、6、7这三个月中全苏区扩大红军5万名。其中红五月完成27000名，太雷县超额完成任务。

古村红痕

6月6日，中共中央给各级党部和突击队发出指示信，要求在本月内提前完成3个月扩红5万名的突击计划。至月底，全苏区共扩大红军62269名。9月1日，中共中央组织局、中革军委总动员武装部等5个单位联合发出通知，要求在9月27日前动员3万名新战士上前线。9月3日，中革军委又发出《为扩大红军的紧急动员的号令》，号召全苏区青壮男子在"血战的九月"中，为保卫苏区全部上前线去。结果，到9月27日止，全苏区完成18204名。以石城县为例，从《红色中华》等资料记载看，从1933年5月到1934年9月，石城共有16000余人参加红军，其中一次性加入红军最多的时期是1934年5月，石城县有4540人加入红军，而其中还不包含太雷县2640名。

前面已经列举了很多的数字，不妨再列举一组，来加深印象：

1934年10月，中央红军长征出发时，共8.7万人左右。这些人是这样分布的：

中共中央、中央政府、中革军委机关和直属部队，约14500余人；

红一军团共19800余人，是红军主力；

红三军团共17805人，是红军主力；

红五军团共12168人，为第三次反"围剿"后组建，是红军主力；

红八军团共10922人，第五次反"围剿"后组建，至今仅月余，80%以上为新兵，无战斗经验。

红九军团共11538人，第四次反"围剿"后组建，是"扩红"的产物，战斗力不强。

在这近9万红军中，新兵总数近50%，而这50%基本上属于扩大"一百万铁的红军"的成果。

对了，那么上述友联村那条标语是什么时候留下的呢？从前面的推理看，极大可能是1933年5月以后，而书写标语的或许是红三军团所部或者当地的苏维埃政府。

"中央政府成立了，革命正在发展了"

"喂，同志们你来看：宁都兵暴成功了，国民党叫不得了。李陈两寨打破了，土豪堡垒无用了。会昌连城攻开了，当地武装消灭了。中央政府成立了，革命正在发展了。国民党政府末日了，工农群众喜欢了。中国工农红军四军十师二十九团一连"。标语的下方，是一个举着镰刀斧头五角星旗帜的士兵形象。这幅标语，拍摄于琴江镇温坊村的一座老宅，反映的是红军第三次占领石城县前后的情况。

这则标语提到的事情比较多，但都集中发生于1931年最后几个月中：

宁都"兵暴"发生于12月15日，红军（红三军团）攻占会昌发生于11月27日，最近的一次红军（红十二军）攻占连城发生于12月25日，李陈两寨被红军（红四军十一师）"打破"发生于11月14日。（中华苏维埃共和国）中央政府成立发生于11月27日。文中只提到李陈两寨被攻破，没说苏区内最大的山寨红石寨被攻下（1932年1月1日）。从这些时间节点来看，这几行标语应当书写于1931年12月15日到1932年1月1日之间。书写者当然早已从落款中可以看到，是红四军十师二十九团一连。这是红军第三次占领石城，只不过前两次的占领都经过的激烈的战斗，而这一次进攻，因为石城当时的敌军人员基本都躲到红石寨了，所以几乎兵不血刃就达到了目的。

1929年3月7日至9日红四军在党代表毛泽东、军长朱德、政治部主任陈毅的率领下来到石城，分别在小松桐江村、县城古樟村、大由罗田村召开了贫苦工农群众大会，宣传革命道理，号召广大工农群众开展革命。只不过，或许是限于当时的军队实力或者战略目标不在小县城，红军并没有攻打县城，只是在周围绕了一圈，更多的是进行

古村红痕

政治宣传。对于石城来说，印象最深刻的是留下了观下乡毛泽东、朱德的故居。

1930年6月27日凌晨，红十二军攻克石城县城，他们也是最早攻克石城县城的红军部队。

1931年2月26日，红十二军三十四师占领石城县城，帮助成立石城县委，并恢复石城县革命委员会。但是，革命力量并没有延伸到偏远的村一级。

1931年10月，红四军再次占领石城，随后建立了全县14区111乡的红色政权，并一直延续到中央红军长征北上。

关于红军攻占石城的故事，我曾经访问过两位老人。

苏区老干部黄菊秀回忆说：

"红军（应该是红十二军第二次）打石城，先半个月没打下来，后来就起了个计，把军衣军帽给坝口的群众穿，自己穿便装。正月十一，月光晃晃的，又把军衣军帽给草人穿。国民党守城守久了，很累，看见木杆举起来的草人，就发一个顷惊：红军打进来了。他们就打开了四门到处跑。会水的就跳下城墙凫水走。红军就开枪打。一河的人，浮浮沉沉的。红军抓到城里的人以后，就嗅他的手，凡是有硝味的，就劈一刀。有钱的就关起来罚款，没钱的关了一圩（5天为一圩）以后就放回去了。我们宜福就放了几个回来。"

她的回忆和一首叫作《正月初九红军到》的石城民歌很接近：

"新春岁首正元宵，正月初九红军到，朱德带红军就来攻石城，石城冇攻到，连响几大炮，大炮打不进，生了一计造假人，假人好英雄，一冲冲在城当中。"

失散老红军温玉珍则回忆：

"林彪的部队在我们坪背屋（温坊村村小组名）扎了一个多月。那时候我家住在温坊村，军部就在我家屋后。我们经常看他们办公，他们的文件都是用铁皮箱子装的。林彪军部每晚都做戏做宣传，我们见林彪他们日夜都在办公，好像很烦心。他闲的时候就下下象棋，穿的是布衫、布鞋，饭是通信员端给他吃。大家都是二角钱的伙食费，没有单独吃别的。不过他们炊事班的会调理好一餐鱼一餐豆腐那样。

（红四军）军部很整齐，号兵宣传员做戏的都穿得很整齐，伙食也很好，我家做了他们的厨房，把门都割烂了。吃饭的人太多，割菜割烂的。鹅窝里是军需部，陀上是卫生部，井冈上是政治部。部队有十师十一师，十一师的师长姓周，驻在沥坊。一天晚上10点多，

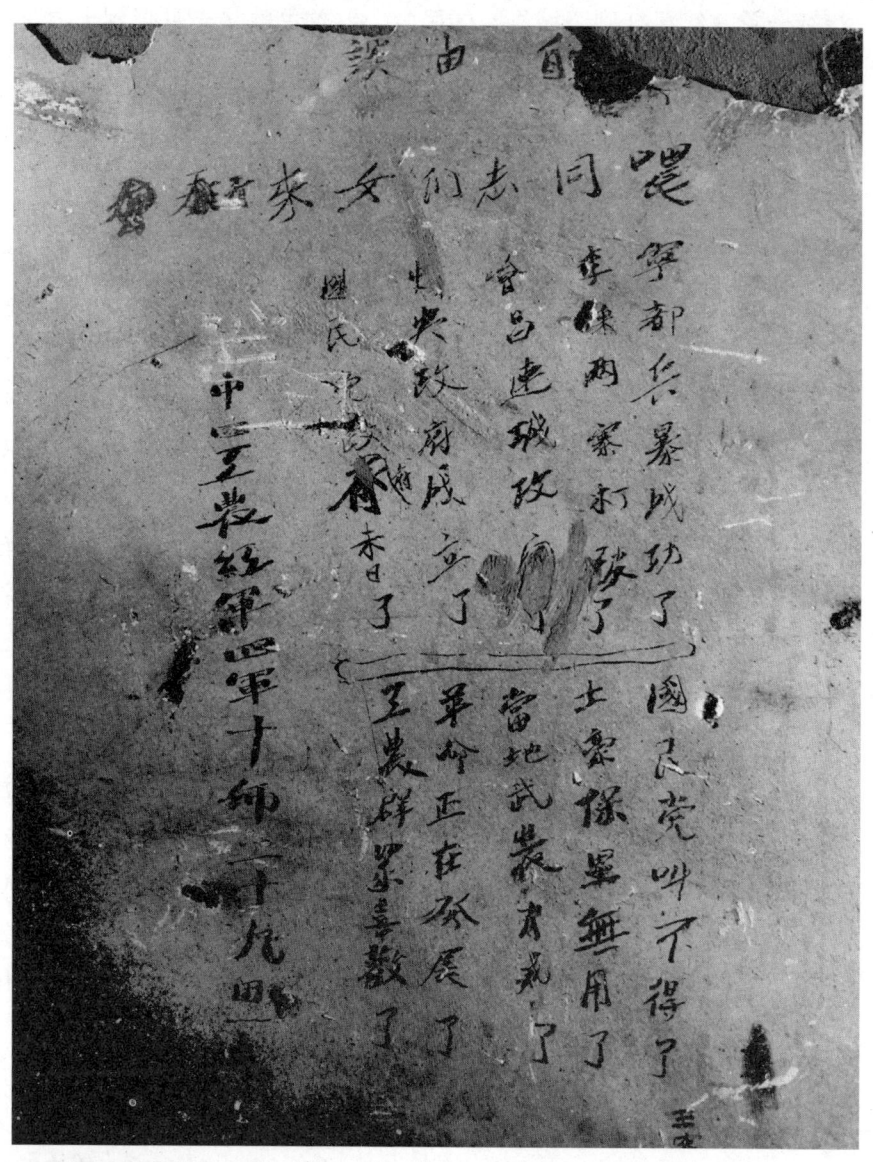

⊙石城县琴江镇温坊："喂，同志们女（你）来看：宁都兵暴成功了，国民党叫不得了。李陈两寨打破了，土豪堡垒无用了。会昌连城攻开了，当地武装消灭了。中央政府成立了，革命正在发展了。国民党政府未（末）日了，工农群众喜欢了。中国工农红军四军十师二十九团一连"

古村红痕

林彪打电话给周师长,要他们开往宁都田埠。一个多月后井水泛黄,放了药也没用,就驻到城里琴江小学那儿了。石城很多红军,都分散在四乡。"

因为红军攻打石城的故事,在民间富有传奇色彩,为此,当时还流行一首《红军打到石城县》的民歌,这首民歌从一月唱到十二月,把红军在石城期间的故事都唱出来了:

正月革命是新年,红军到了石城县,石城县里打一仗,土豪劣绅叫可怜。
二月革命是花朝,红石寨上打翻交,靖匪狗子都联络,这回革命嚣又嚣。
三月革命正栽禾,各乡政府受崩破,真心想来同他打,可是手中无枪炮。
四月革命日又长,广昌驿前打一仗,红军打了大胜仗,缴到白军数万枪。
五月革命是端阳,友书贼古来清乡,五乡清了四乡转,团结就是三和乡。
六月革命正当时,红军到了江西省,有朝有日红军转,友书唔死铁打成。
七月革命早禾黄,富豪收谷乱忙忙,有朝有日红军转,铲了田地当流氓。
八月革命桂花香,红军到了我地方,友书不是短棍贼,养成杀在塘台乡。
九月革命是重阳,石耳寨上打一仗,富豪劣绅都怕死,竖起红旗来投降。
十月革命正立冬,各乡政府成了功,各乡成立先锋队,追得土豪影无踪。
十一月革命雪飞飞,红军生了好主意,今天红军开大会,明天红军分田地。
十二月革命就一年,各乡政府来团圆,各样工作都做到,拥护红军万万年。

苏区时期的普通人又是怎样过的呢?据石城县县城所在的《琴江镇志》(1985油印本)载,苏区时期,石城城市区、城中乡、北外乡、西外乡有配合红军作战、保卫苏维埃的地方武装——赤卫军、游击队。游击队由机关工作人员编入组成。因这一时期由于处于战争状态,实行军事化。凡劳苦大众需按年龄编入下列组织:8—12岁编入儿童团;13—16岁编入少先队,主要任务是查岗放哨,侦察敌情,看守坏人;17—22岁,编入模范少先队,预备应征;23—45岁,编入模范营,随时编入战斗,表现好的经过训练,编入补充兵团;46—55岁,编入赤卫军,协助红军运输,抬担架等后勤工作;55岁以上编入耕田队,为红军家属耕田。

"工农和红军联合起来，一定能消灭白军"

在石城县横江镇老粮管所仓库前，挂着一块显著的牌子：太雷县苏维埃政府。进门的木柱上，有一条模糊不清的标语："红军是工农的□□，白军是军阀的□□"。在楼上一个阴暗的墙壁上，也残留着"工农和红军联合起来，一定能消灭白军"。原来，这里曾经是太雷县苏维埃政府所在地，现在是县级文物保护单位。

1933年8月16日，中华苏维埃共和国临时中央政府委员会第48次会议批准，设太雷县，隶属江西省。1934年5月，改太雷县为中华苏维埃共和国临时中央政府直辖县。

当时的太雷县，辖原石城县横江、洋地、珠坑、大由、龙岗及瑞金县湖陂、日东和福建宁化县淮土等八个区。主力红军北上后，太雷县于1934年10月29日与石城县苏维埃政府合并，在其后的一小段时间内，其政府及军事机构等一般以"石太县"为合称。1935年2月18日，石太游击队遭敌军袭击，进而被冲垮，以后停止活动。国民党政权完全巩固后，横江一带又重新回到苏区之前的行政区划。

但是，因为这个"太雷县"县治的设立，在横江就一直流传着一个广州起义领导人张太雷牺牲于横江的传说。直到今日，当地很多老者也依然能讲述红军"张团长"牺牲的故事。

据他们说："头番红"时期，当地地主据守在前清咸丰年间为躲避"长毛（太平军）"而修建的烟坊土楼里。正在苏区内部执行扩红征款打地主任务的红军把土楼团团围住，但因土楼防备森严、火力兵力充足且有足够的粮食和活水而久攻不克。为此，红军张团长（张太雷）带了警卫员和望远镜，在横江墟边罗角上后山上仔细

古村红痕

观察，寻找攻克土楼的办法。不料，张团长头部被土楼里突然打来的一发冷枪击中，光荣牺牲。红军攻下土楼后，将张团长安葬在横江墟边的猫山下侧山，立有木牌为记。后来，苏区中央政府特意在横江一带设立太雷县，以纪念在此牺牲的张太雷烈士。

事实上，太雷县的设立，是中央苏区这一特殊时期的产物。历史上，中华苏维埃共和国临时中央政府在中央苏区地域内先后设置了兆征县（1933年8月，一说9月初，县治今长汀城关）、博生县（1933年1月13日，县治今宁都黄陂）、彭湃县（1933年7月22日，县治今宁化湖村）、代英县（1933年9月，一说10月，县治今上杭太拔）、公略县（1931年10月，一说11月，县治今吉水县城水南）、杨殷县（1933年7月，一说8月，县治均村）、登贤县（1934年3月，县治今于都小溪）、明光县（1933年11月，连城县更名为明光县，县治仍设连城）、太雷县等9个以已牺牲的共产党领导人名字命名的新的县级行政单位（还曾有短时间的忠发县，后改名

⊙ 石城县横江镇："红军是工农的□□，白军是军阀的□□"（左）

为胜利县）。其中，太雷县以领导广州起义而英勇牺牲的烈士张太雷的名字命名。中央红军主力长征后，这些新设的县名随着政权的更迭而被废止。

然而，就像彭湃牺牲于上海龙华而不是牺牲于彭湃县一样，广州起义的领导人张太雷在1927年12月11日牺牲于广州起义战斗中，而不是牺牲于太雷县。那么，牺牲在横江的红军"张团长"又到底是谁呢？经过查找党史军史资料，终于弄清楚了历史的真相：

⊙耿凯

牺牲在横江的不是红军团长，而是红军师长，不是姓张，而是姓耿。他就是曾参加过南昌起义的红军高级将领耿凯。

据《中国工农红军第一方面军人物志》等资料记载，耿凯（？～1931）河南人。中国共产党党员。早年参加国民革命军。参加了北伐战争。1927年8月参加南昌起义。曾任起义军连长（粟裕

⊙太雷县苏维埃政府旧址

任指导员）。1928年1月参加湘南起义，随后参加了井冈山和赣南、闽西地区的游击战争。历任四军连长、大队长，第二纵队第五支队支队长等职。1930年后，任红四军第十一师第三十二团团长。1931年10月间，由于红四军在第三次反"围剿"中伤亡较大，编制做了一些调整。红四军第十一师与第十二师合并为第十一师；红十二军第三十四、第三十五师编入红四军，编成新的第十二师；此外还增编了第十三师。第十师的建制不动，原师长王良调任第十一师师长，由原第十二师师长耿凯任第十师师长。

然而，就在耿凯任第十师师长不久的1931年12月，他率领部队在石城横江攻打地主武装"土围子"时，光荣牺牲，一颗将星就此陨落。

回到故事本身，或许红军当时为了稳定军心，或者是欺骗地主武装的情报人员，红军只说牺牲了"张团长"。而以当时的山区民众的眼光看，团长已经是很大的官了，而著名的张姓共产党"大官"，或许他们只听说过张太雷。加上后来设立"太雷县"县治这么一件大事，民间遂有了张太雷张团长牺牲于横江，苏区中央政府为了纪念他，就在这里设立"太雷县"这么一个故事。

不信？你去现在的石城县横江镇问问看，几乎每个人都会告诉你"张太雷"的故事。

"勤洗衣常洗澡"

谈正题之前，我可能得先解释什么是"头番红"。"头"指的是次序在前，第一。"番"，遍数，意思是次，比如人们常说的"三番五次"。"红"指的是共产党的领导，与当时国民党统治下的"白"相对而言，如当年的红军，要"赤化"全中国的"赤区"等等。赣南是当年的中央苏区，所以，当地百姓习惯称20世纪30年代的苏区为"头番红"，或者是"头翻红"，也有的叫成"头班红"，意思是一样的。

石城的东城片区，主要由梅福、仙源和温坊三个村组成。苏区时期，这三个村都是红四军包围进攻敌军统治下的县城的主要驻扎地。车站后的熊姓大屋里面有不少的红军标语。比如"坚决勇敢的工农加入红军""打倒帝国主义，发展民族革命""打倒蒋介石，拥护共产党。红军第四军十师卅一口"……这些标语应该是1931年10月左右红四军再次解放石城的时候留下的。

不过，走进梅福村的紫荆山房，里面的标语还是让我眼前一亮："勤洗衣常洗澡"。

"第十三班温盛兰、刘自秀、王秀高、罗福彩、肖宜仔、龙九仔、张同田、肖扈奂、谭迪蒋"。

"纪念'三一八'，扩大红军一百万，红色医院第三所第十二班"。

"纪念'三一八'，打倒帝国主义！纪念'三一八'，反对帝国主义国民党进攻苏联！纪念'三一八'，武装拥护苏联！"

"士兵不打士兵，穷人不打穷人。欢迎白军弟兄来当红军！"

这些分布在后院不同房间前的标语中，还藏着一个将"国民匪党"画成一条狗的漫画，让人恍如重回苏区时代的同时，又忍不住

古村红痕

⊙石城县琴江镇梅福:"勤洗衣常洗澡"　　⊙石城县琴江镇梅福:"纪念'三一八',扩大红军一百万,红色医院第三所第十二班"

为当时小红军宣传员的创意发出感叹。这些标语可能书写于不同时期,但从标语的落款和内容上,可以判断出,这座老房子在苏区时候曾经是红军的医院。

据地方党史资料记载,屏山镇上街脑的老当铺是中央红军第七后方野战医院旧址;秋溪"松竹林"门楼里,曾经是为迎接宁都起义部队而设立的红军医院;而在石城阻击战期间,小松镇的杨村坊式亭曾经是红军战士的临时包扎所,郑氏家庙曾经作为红军的临时野战医院……确实,在苏区时期的石城,曾经有过很多红军医院。

赣南闽西一带,由于教育落后,迷信思想严重,加上群众住地肮脏、食物食器不洁等不良卫生习惯,一旦疾病侵袭,则波及广泛。苏区时期恶劣的战争环境,又使生存环境进一步恶化。红军指战员风餐露宿,辗转作战,致使疟疾、痢疾等疾病或传染病多发,严重

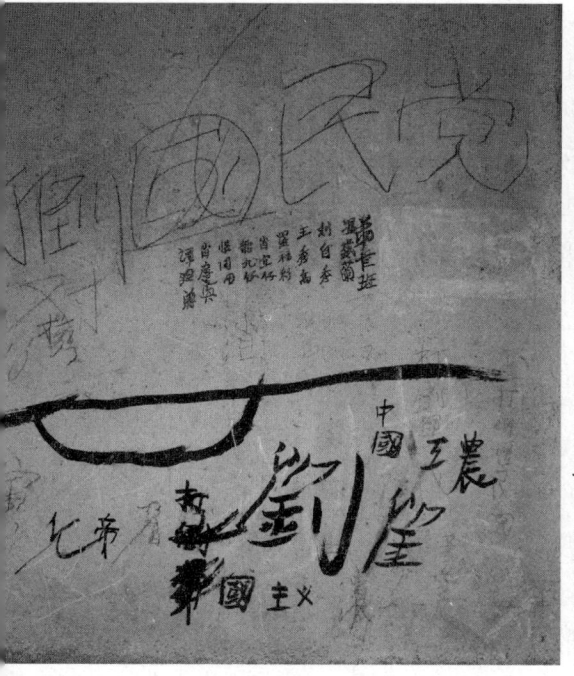

⊙石城县琴江镇梅福："第十三班温盛兰、刘自秀、王秀高、罗福彩、肖宜仔、龙九仔、张同田、肖扈奂、谭迪蒋"

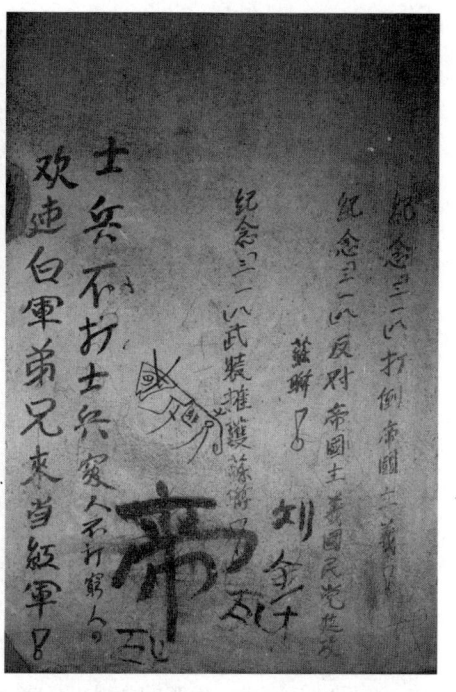

⊙石城县琴江镇梅福："纪念'三一八'，打倒帝国主义！纪念'三一八'，反对帝国主义国民党进攻苏联！纪念'三一八'，武装拥护苏联！""士兵不打士兵，穷人不打穷人。欢迎白军弟兄来当红军！"

影响了战斗力。1932年1月13日《红色中华》曾发表报道称："闻最近富田一带传染病非常厉害，甚至一天死60人左右，受传染的人发热、抽筋、吐泻，不到一两天，厉害的不到几个钟点，就可把生命送掉，这种可怖的传染病瘟疫非常危险。"为此，20世纪30年代，中央苏区曾积极开展医疗卫生事业的建设活动，如通过法规、成立领导机构、建立各级各类医疗机构、训练医务人员和开展群众性的医疗卫生工作等。

1932年3月，中华苏维埃共和国人民委员会颁布《强固阶级战争的力量实行防疫的卫生运动》的训令，同时下发了《苏维埃区暂行防疫条例》。同年10月，中革军委又下发了《开展卫生防疫运动》的训令。项英在《红色中华》上发表题为《大家起来做防疫的卫生运动》社论，指出"瘟疫问题……不仅危害工农群众的健康和生命，而且影响到阶级战争的力量损丧",号召"工农同志们,起来努力做卫生运动!强固我们阶级战争力"。1933年,临时中央政府颁布了《卫生防疫条例》《卫生运动纲要》《卫生员工作大纲》《卫生常识》《暂定预防传染病预防条例》等,对红军卫生工作的各个方面做了明文规定。苏区政府动员开展了群众性的卫生防疫运动。苏区政府指出:"必将这一运动作成极广泛的群众运动……要求每一个工农群众,都能随时随地注意到卫生和清洁,注意到自己,同时督促别人。"这些法规、社论和要求提高了各级领导和相关职能部门对卫生防疫工作的重视程度。在各级苏维埃政府的领导下,一场轰轰烈烈的群众性卫生防疫运动在苏区内广泛开展起来,苏区每一个群众都被动员起来,积极、自觉地投入到卫生防疫中来,通过群众性运动的防疫方式,有效预防瘟疫等流行疾病,保护了苏区军民的健康与战斗力。

我曾经采访过大由乡的一位失散红军黄伙寿。据他回忆,他是17岁去当兵的,"那时候扛不动枪,就做了卫生员,跟着部队,哪里打仗就去哪里。那时候,石城有个医院在老塔下(宝福院塔),医院有五个所。有一连保卫他们五个所。每所都有100多位红军伤员。一排看护生,主要是上药;一排招呼兵,主要是招呼伤兵;还有一排洗衣队,一班伙夫,一个司务长,买菜。"黄伙寿先是招呼伤兵,后来缺少人手,就服从调配做了看护生……可惜的是,他已经想不起来所在部队的番号,无法确认所在医院的名称。

那些墙壁上名字所对应的红军,或许都已经走进了历史,只留下当年苏区卫生工作的一些痕迹,让我们还可以遥想当年的铁血场面,"紫荆山房"保留下来,如今,这里是"红一军团医院旧址",省级文物保护单位。

"反对拉伕"

说到"夫子",人们常常联系到孔夫子,不过,本文中的"夫子"却与孔夫子相差太远。而"扶子"是个生造出来的词,源于1934年苏区中革军委的训令。如果用比较常用的词来解释,本文中的"扶子"和"夫子"应该都是指"伕子"。词典中是这样说的:伕,"夫",旧时用为夫役的专字。如车伕、火伕、挑伕。古时不论,在近世纪以来的中国,"伕子"指的是为军队后勤部门挑担扛物的非战斗人员。

苏区时期,石城上水片与下水片的民情稍有不同。从资料看,相对来说,苏维埃政府对上水片的管理不如下水片彻底。或许是因为上水片田地丰美相对富饶,百姓勤于耕作,谋生容易而淡于抗争。导致的结果就是上水片的大刀会等地方民团性质的队伍长期活跃,红色政权控制力不够,红白转变让百姓防不胜防。不过,这与本文的主题关系不大,我们还是集中注意力来看看面前的标语。

⊙石城县丰山乡下丰山:"反对拉伕"

古村红痕

在丰山村的下丰山村小组,有一座许姓人家的香火堂。年代久远的木板墙上,"反对拉伕(夫)"四个大字赫然在目。估计当时的敌军或者地方民团在这一带抓丁拉夫的事情是没少做,所以当时刚成立的苏维埃政府用这样一条标语来旗帜鲜明表明红军的立场并表达对农民的支持。

其实,军队抓伕(夫)由来已久。毕竟,战斗部队要保持战斗力的前提就是保证体力,而后勤部队也有更为专业的后勤工作要做。从作战部队的心理看来,战争时期,自己天天在刀口甚至枪弹下玩命,抓个壮丁帮忙挑点东西出点力,又有什么不可以的?据《洋地公社志》(1985年油印版)记载:咸丰八年(1858年),太平军在迳口由北往南,据传连续7天7夜有士兵经过。太平军途经之处不抢财物,但会抓伕挑担。迳口村的刘桂祥被抓去挑担,直挑至肩部生蛆方回家。所以,在农村,抓伕与抓丁,简直没有区别,都要出大力,甚至有生命危险。

一般人把在军队中挑担的叫作"伕子",红军则尊称他们为"运输员";虽然部队的性质不同,有先进、平等与落后、野蛮之分,但对于出力气扛东西的人来说,工作还是差不多的。当然,做挑夫只是暂时的出身,其后因缘际会难说。比如曾为毛主席挑文件的警卫员兼挑夫龙开富,1955年被授予少将军衔,还曾任党的"七大"候补代表、"九大"代表。曾任红三军第八师卫生部运输员的张贤良,1964年晋升为少将军衔,后任兰州军区后勤部副部长。所以,革命无贵贱,只是分工不同。

从红军中运输队员的征调和运输工作,可以看得到一些"伕子"的情况,伕子是红色武装的后勤保障。1934年1月24日,《中华苏维埃共和国中央执行委员会与人民委员会对第二次全国苏维埃代表大会的报告》提出:"应该用一切办法去保障红军的给养供给与运输,苏维埃的财政机关与经济机关,军事系统中的供给运输与卫生机关,应该为着这个共同目标而努力。运输队的动员,应该克服过去的弱点,使红军不致因缺乏运输员而妨碍了运动与作战。"(中共江西省委党校党史教研室、江西省档案馆选编《中央革命根据地史料选编》下册，江西人民出版社1983年版，第340页。）毛泽东在《长冈乡调查》一文中记载了地方部队要做的"勤务"：运输工作，男子当长夫（四十五岁以上未编入赤卫军的则当短夫）。女子当短夫（挑出一部分去城内、高兴、茶岭等处）……

1933年11月4日，为支援主力红军作战，中革军委发出《关于征调扶子担任战时运输工作的训令》，决定建立三条运输线：从瑞金、太雷、石城，经建宁、泰宁，至黎川为第一运输线；从瑞金、长胜、博生，至广昌、南丰、康都为第二运输线；从胜利、兴国、龙岗，至永丰、公略、万泰为运输支线；并划定东南线和西南线的运输任务。同时，还规定了各县要随时征调的扶（夫）子数，其中，石城、太雷县赤卫军各2000人，少先队2000人。石城县、太雷县其实基本就是原石城县范围，这条训令意味着，在石城全县范围内，也要征调6000人的扶子作为运输力量。这些没有战斗经验又缺少文化的底层群众，不可避免地成为了战场上最容易受伤牺牲的群体。从1980年至2000年所出版的各乡镇志书可以看到，很多烈士，就是当时的赤卫队员或者"运输员"。

虽然民间流传着很多石城运输员冒着炮火给红军运送弹药、用担架抬运伤员的故事，但这些故事往往是零碎的，而且在口口相传中难免失真。相对来说，红军中的一些高级将领的回忆录更为真切：

一位当时主管运输部队的老红军后来回忆说：

"长征中，运输部队付出了几乎耗尽生命的消耗。人的体力有限，而运输员的消耗几乎没有限量。他们每天都有一个几十斤重的担子压在肩上，很多时候是连续急行军。一个战斗员负重只有十几斤，而运输员的负担是战士的三到四倍，物品一点也不敢丢掉。这么一比就知道运输员体力消耗之大了。除前锋部队在作战以外，多数部队不过在走路，还常常受不了。而运输部队挑着重担，天天下雨，运输员的衣服是雨水和汗水浸透在一起的，整天湿漉漉的，担子浸了水越挑越重。由于道路泥泞，部队走走停停，而运输员几十斤担子在肩上，欲走不能，欲歇也不能，压着重担受站刑。又没有时间睡觉。运输部队还吃不上饭。他们没有离开苏区时因为管理不当就常常吃不饱。进到白区后红军的行军是密集纵队，大量部队在一个比较狭窄的空间通过，前面的把能搞到能吃的东西都吃了，后面的什么也吃不上。打土豪没有可打的，有钱也买不到粮食，后面的运输部队几乎天天饿着肚子走路。在湘南的一个山区里，一个300多人的运输大队走错了路，两天没有进一粒米，一个个饿得昏过去躺倒了。我们找到他们后，立即做饭，吃下饭他们才走得动。而且，运输员没时间睡觉休息。运输部队因为负重走得慢，常常很晚才到宿营地，如果路上遇到什么障碍，到了宿营地就已经是拂晓，第二天出发的时间到了，立即又要走。运输员只能找些零星时间打盹，而干部忙的连一点睡觉时间都没有。运输员也没有鞋子穿。运输员打赤足是普遍现象，公家没有鞋可发，运输部队几乎人人双脚溃烂，有的烂到了腿上。可以说，长征中，运输部队付出了几乎耗尽生命的消耗，运输部队的干部搞垮了身体的人很多。出发时候，总共征调了8000名运输员，到后来只剩下1500名。（1934年）12月黎平会议后，部队整编，挑运的子弹发到了各部队，银元等财物分散了保存，运输部队没有存在的必要了。于是只保留一个200人的运输分队归军委四局三科指挥，其余1000多人补充到红五军团。"

开国元勋陈云同志回忆说：

"我们辎重太多，带了许多笨重的机器和大量的物件。我们把兵工厂、印刷厂、造币厂等工厂的机器，统统带走了。专门运输这些设备的挑夫和相关的护卫人员就有5千人。挑夫在山路行走非常困难……后卫部队往往落后先头部队达10天的距离（100公里到150公里）。我本人是后卫部队的政委，亲身经历了这些困难。有一次，我们顶着倾盆大雨，跋涉在泥泞之中，花了12个小时，才走了4公里……"

往事隐没在历史中，细节早已流逝，就是眼前这条标语，也不知道还能存留多久。我们每看一次标语，就回味一次历史。回头再翻看石城县的烈士名录，让我们为那些留下名字的烈士们致敬，也为战乱年代中因为各种原因远去的先人默哀。

"准备全部出动北上抗日"

小松镇丹溪村是个有故事的古村。这里不但曾经在北宋和清代出过两个进士,有着深厚的客家文化历史,是住房和城乡建设部授予的"中国第四批传统村落",还是石城阻击战中少共国际师的指挥部所在地,有着鲜明的红色印记,被列入中组部第一批红色美丽村庄建设试点村。

就我所见而言,丹溪村的苏区标语有很多。

"白军弟兄们,不做堡垒,马上开到北方打日本。(红军勇政宣)"

"继续东线红军伟大胜利。彻底粉碎敌五次'围剿'。准备全部出动北上抗日!红前政(宣)"

"拥护中国共产青年团"。

"白军弟兄打日本是为□□,死也是光荣的!"

"白军弟兄打工农□□中国人打死了白死"。

"白军弟兄实行□□中国人枪口向法西斯蒂"。

"白军弟兄!不做马路,马上开到北方去打日本"

"白军弟兄,只有苏维埃的工农革命才能救中国"。

"白军弟兄,蒋介石把北方卖给日本了,立刻北上抗日救出数十万同胞"。

"白军弟兄,日本兵正在□□你家乡,马上开回北方□□"

"北方的白军弟兄,日本人正在奸淫你们的老婆,马上开回北方打日本。勇卫(宣)"

"北方的白军弟兄,日本兵正在屠杀你们的父母兄弟亲戚朋友,马上开回北方打日本吧!勇卫(宣)"

"白军弟兄,打日本是为国为民,死了也光荣。白军弟兄,打

古村红痕

红军是中国人打中国人,死了是白牺牲了,一钱不值!"

"白军弟兄,要想救中国只有全部暴动起来联合红军一起去打日本!"

"起来,打杀法西斯蒂"。

其他还有一些,已经湮没在历史中难以辨认了。

这些标语的内容、落款都很有特色,在这几条标语中,"共产青年团、不做马路、马上开到北方去打日本、北方的白军弟兄"这些词句都是关键词。这些关键词证明,这些标语是少共国际师和红三军团于1934年9月左右,红军实施石城阻击战以争取时间确保红军战略转移的时候所写的。

1934年8月,广昌驿前陷入敌手。至此,在红都瑞金北部就剩下石城这最后一道"屏障"。为迟滞敌军向中央革命根据地中心地域的进犯,保障中央机关和中国工农红军主力部队的安全集结与转移,中

⊙ 石城县小松镇丹溪:"白军弟兄,打日本是为国为民,死了也光荣。白军弟兄,打红军是中国人打中国人,死了是白牺牲了,一钱不值!""白军弟兄,要想救中国只有全部暴动起来联合红军一起去打日本!""起来,打杀法西斯蒂"

⊙ 石城县小松镇丹溪:"白军弟兄,蒋介石把北方卖给日本了,立刻北上抗日救出数十万仝(同)胞""白军弟兄,日本兵正在□□你家乡,马上开回北方□□""北方的白军弟兄,日本人正在奸淫你们的老婆□妈□妹□们马上开回北方打日本。勇卫(宣)"

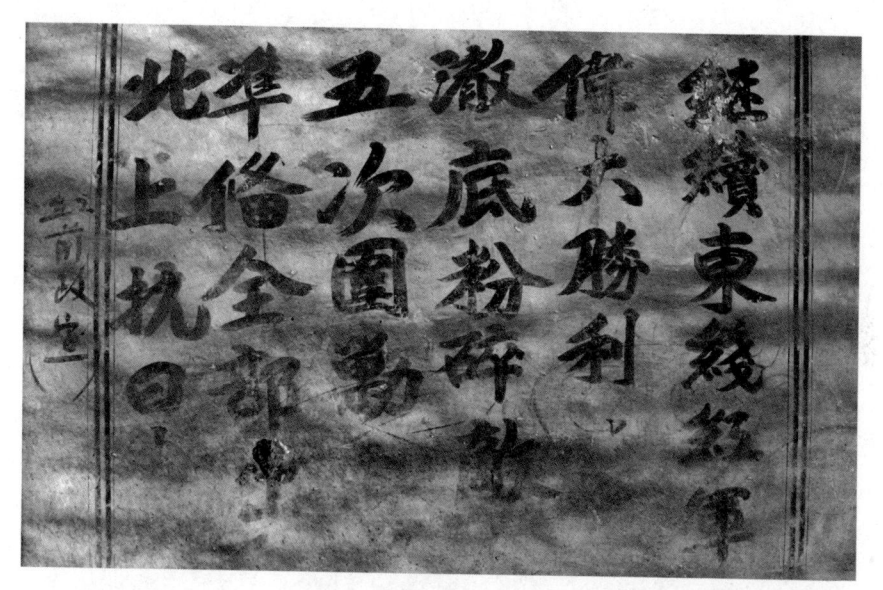

⊙石城县小松镇丹溪："继续东线红军伟大胜利。彻底粉碎敌五次'围剿'。准备全部出动北上抗日！红前政（宣）"

央革命军事委员会主席朱德令军团长彭德怀和政治委员杨尚昆率领红三军团、少共国际师及部分地方部队在石城北部设防阻敌。

少共国际师成立于1933年8月5日，是一支全部由模范青少年组成的特殊部队。全师共一万余人，有着鲜明的青年团烙印。"拥护中国共产青年团"这种语言也自然会出现在少共国际师这样的部队。8月28日，军委命令少共国际师改变行动，红一师、红二师回东线执行任务，少共国际师伪装全军团向北线石城地区转移，归红三军团指挥。从部队的特殊性和作战轨迹，可以印证丹溪一带在当时属于少共国际师的防地，当有较为高级的指挥机关。

再往前看，1933年7月1日，中华苏维埃共和国中央革命军事委员会（以下简称中革军委）下令，以红三军团（暂缺第六师）和红十九师组成东方军（随后第三军团第六师、第五军团第十三师、第七军团第二十师，以及红二十一师一部也陆续编入东方军序列），彭德怀任司令员，滕代远任政治委员，并就近指挥闽赣军区和福建军区的地方部队。7月初，东方军主力从广昌南部经石城入闽，5日抵达宁化并展开攻势作战。随后一直在闽西征战。直到9月下旬，东方军才奉令西返入赣作战。随后一直在苏区北部作战。"继续东线红军伟大胜利"

古村红痕

  这些标语，则应该是参加石城阻击战的红三军团部队所写。

  "堡垒"，是敌军第五次"围剿"红军时所采用的最典型最有效的战术。当时，敌军的碉堡一般都构筑成梅花状，形成严密的交叉火力网。给红军造成了极大的杀伤。红军在标语中对白军士兵宣

⊙石城县琴江镇沙塅村：红军漫画

传"不做堡垒"也是理所当然的事情。

从"勇卫一所""红前政"的落款看,当时在丹溪驻扎的应该是红军中较为高级的指挥机关。因为部队代号是为密化部队番号而授予建制单位对外公开的代称。部队代号由总部统一编拟、授予和管理,一般授予团以上部队及需要保密的军事单位。只不过,"勇卫一所"已经难以考证,"红前政"或许是"红军前敌指挥部政治处"一类的简称。

我倒是对"准备全部出动北上抗日!"这句话特别感兴趣。在军史上,很多人对当时弱小的红军提出抗日口号持有疑问,觉得在那种条件下,红军自身难保,怎么可能提出"抗日"这样的口号。然而,这些存留至今的标语明确地给出了答案。即当时的共产党和中央红军,确实已经向基层官兵和所能影响到的全社会提出了"北上抗日"的号召。从当时苏区中央的机关报《红色中华》的内容看,也能找到类似的佐证。1933年以前姑且不论,1934年年初,苏区中央的工作侧重点,先后放在春耕、扩红、征粮、锄奸、查田上,动员赤少队上前线也占了大量篇幅。虽然也有提到日本的时候,往

⊙石城县琴江镇沙塅村:"拥护中国共产青年团,劳苦群众向前线配□□""白军弟兄打日本是为□□,死也是光荣的!"
"白军弟兄打工农□□中国人打死了白死""白军弟兄实行□□中国人枪口向法西斯蒂"

往都将其与英美等国相提并论。但是，到了181期（1934年4月28日）开始，就有整版《纪念五一反对帝国主义侵略中国》的内容，其中还有毛泽东同志《论日本帝国主义的阴谋》的评论。也就是说，苏区中央认识到并提出完全针对日本的口号，并将其贯彻到基层的宣传工作，应该在此前后不久。

《红色中华》206期（1934年6月23日），头版出现了《中华苏维埃共和国中央政府为国民党出卖华北宣言》，在第四版也是整版宣传抗日的新闻及特稿。随后的207期（1934年6月26日）、208期（1934年6月28日）、209期（1934年6月30日）、210期（1934年7月5日）、211期（1934年7月7日）、212期（1934年7月10日）、213期（1934年7月12日）、214期（1934年7月14日）、215期（1934年7月17日）、217期（1934年7月21日）、218期（1934年7月24日）的四版全部都是反对日本帝国主义的新闻。到了221期（1934年8月1日），更有《中华苏维埃共和国中央政府中国工农红军革命军事委员会为中国工农红军北上抗日宣言》（实际通电于1934年7月15日）的整版内容，在该期的二版，还有《毛泽东同志谈目前时局与红军抗日先遣队》的访谈。

除了文字，红军派出了红七军团作为北上抗日先遣队，报纸上还先后刊登了"纪念'九一八'以抗日先遣队的胜利回答日本帝国主义的白色恐怖，抗日先遣队占领水口大湖、消灭罗源保安团一部营、占领浙江庆元、纵横浙境"等新闻。直到1934年9月29日的第239期报纸上，也还有"抗日先遣队又击溃皖敌一营"的报道。虽然，这里面的"敌"是白军而不是日军，部分红军只完成"北上"目的，暂时没达到"抗日"目的。或许这支北上抗日先遣队是牵制敌人"围剿"力量的战略棋子，也或许是红军分散兵力保存命脉的战略举措。但是，红军在这一时期确实提出过"北上抗日"口号并有部队以此为旗帜往北方进军。起码，从丹溪的标语口号上可以得出这么一个结论。

突然想起，同样是中国第四批传统村落的琴江镇沙塅村，有一座高大古老的"培基"屋，里面有一块写着"北上抗日先遣队"的巨型漫画，下次再去看看。

"创造红军铁军"

在很多人的印象中，崇义和王阳明是分不开的。王阳明南赣平乱，立碑于崇义茶寮。分析南安府诸县，分设崇义县，是王阳明南赣治理的重要举措。然而，很少有人知道，这里发生过的红色故事也是不少的。

从赣州最东边的石城县走到最西边的崇义县，我们的车在高速上跑了四个小时，等我到麟潭乡华山村寻找苏区标语的时候，已经是午饭时分。我疑心麟潭是个新客开发的地方——这儿很多小村庄的命名都与别处不同：彭屋、陈屋、张屋、刘屋、林屋、邱屋、苏屋、罗屋、杨屋、余屋、高屋、饶屋、江屋……这些以姓氏命名的"屋"，应该是不同姓氏在差不多同样的时间进入这里，开发山林以启人文的结果。这些"屋"，记载了这些客家人一代代奋斗的成就，也在不经意间见证了 20 世纪 30 年代那场大革命。

崇义县其实很早就已经有了共产党人活动。据《崇义人民革命史》记载，1926 年 12 月，这里已经有了党支部干事会。其后毛泽东、朱德、陈毅、邓小平、邓子恢等老一辈无产阶级革命家在这里战斗过。土地革命时期，崇义县 6.8 万人中有 1 万多人参加红军，有 2 万多人参加赤卫队、洗衣队或者支前作战。有名可查的崇义籍烈士 1852 人。仅仅从这些数字上，看不出与别处有什么不同。然而，你可能不知道的是，从某种意义上说，没有崇义也许就没有后来的红军。

1927 年 8 月 1 日，"八一"南昌起义打响了武装反抗国民党反动派的第一枪。起义部队撤离南昌后，经抚州、石城，在瑞金、会昌与堵截的国民党军队先后交战，后转向闽西、粤东。起义部队在

古村红痕

兵力完全处于劣势的情况下与敌作战，受到严重损失。保存下来的部队一部分与当地农民武装会合，另一部分则由朱德、陈毅率领经闽粤边境进入赣南。天心整编后部队进入南安，并对部队再次整编。将原番号国民革命军二十五师及第九军余部合编为一个纵队，番号为国民革命军第五纵队。朱德任司令员，陈毅为纵队指导员，王尔琢任纵队参谋长。纵队下编四个大队：七十三团为第一路，第九军余部为第二路，七十四团为第三路，七十五团为第四路。随后因敌情不明，先行出发往湘南的第一路及第四路在与敌遭遇战后失败打散。11月3日，朱德、陈毅率纵队部及第二、第三两路从南安出发，到达崇义古亭。

其时，整个中国处处是军阀混战，鹿死谁手尚难预料。朱德利用军阀范石生与蒋介石的矛盾，先通过上堡整训，对近千人的部队重新整顿纪律，进行新的军事训练；并初步尝试将武装斗争同农民运动结合，有效提高了部队战斗力和纯洁性；其后又巧妙地利用自己与范石生的同学之谊，在坚持"组织上独立、政治上自主、军事

○崇义县麟潭乡华山村刘屋："创造红军铁军"（王受文摄）

上自由"三原则前提下，达成"合作"协议，得到大量军需补充。起义部队经过思想教育和组织整顿，又根据千里转战的经验和形势任务的要求，进行必要的训练，以适应情况变化，实现战略战术的转变。正如朱德元帅《在编写红军一军团史座谈会上的讲话》中所说的："大败之后重新整理队伍，恢复元气，转变方向，深入农村，得到了群众的拥护，才得以生存与发展。"在崇义，"八一"起义部队终于缓过劲来，部队更加团结，纪律更加严明，战斗力更加强悍，为以后部队的发展特别是上井冈山与秋收起义部队会师从而诞生中国工农红军奠定了坚实的基础。

不过，华山村刘屋的红军标语，应该不是"八一"起义部队所留下的，因为在"创造红军铁军"六个大字的后面，有明确的部队番号：红军独立九师四十三团。独立师、独立团、独立营，是苏区乃至其后抗战时期很多地方红军的常见番号。以至于在翻阅党史、军史时，稍不留意就容易引起误解。这里的独立九师四十三团，其实早先的家底是崇义的地方部队，即1931年3月以上崇南游击大队为主体改编，7月又有赣南游击大队编入的西河红色警卫营。

西河红色警卫营在策应中央苏区第二次反"围剿"的任务中，在上犹县、崇义县一带进行了多次战斗。1931年11月底，红色警卫营从崇义县上堡奉命调至上犹县营前，改编为河西独立团，又称赣南独立团，由林材任团长，何玉书任政治委员。不久，河西独立团又改编为红军独立第九师四十三团，属湘赣军区，由杨梅生（1955年中将）任团长，颜君山任政治委员（一说团长何紫云，杨梅生任政治委员）。

1930年，毛泽东在赣州城郊楼梯岭主持召开红四军前委会议，决定利用敌人兵力空虚之际，在赣西南、粤东北和闽西的大范围内分兵发动群众，以深入土地革命，发展红军，扩大苏维埃区域。从此，崇义县的地方武装与赣南其他很多地方一样，从小到大，从弱到强，从散乱的暴动队、游击队发展为相对正规有正式番号的独立团，难怪他们会自豪的在墙壁上写下"创造红军铁军"这样骄傲的字眼。

1932年5月开始，在以红三军团为主的西路军的指导下，各地还掀起了轰轰烈烈的扩红运动。1932年5月，崇义县委将该月定为"扩大红军突击月"，建立了县、区、乡的拥护红军委员会。各级组织通过开会宣传、田间宣传、艺术宣传等方式，营造了一个广大群众热烈参军的浓厚气氛，一时间，父送子、妻送郎，到处都是乡亲们欢送好儿郎当红军的动人场景。有些区乡赤卫队、少先队集体加入红军。开国少将谢振华回忆说，1932年5月，他任崇义县少先队队长时，一次就带领100多名少先队员参加了红三军团红七军。据说，仅这次扩红，跟随红三军团参加革命的崇义子弟就不少于1000人。在这次扩红运动中，独立第九师四十三团成建制地与红三军团特务团合编为红七军二十一师六十二团，真正成为了完全正规的中央红军。所以，我们所看到的红军标语，也应当书写于1932年初到7月这半年中的某一天。不过，独立第九师四十三团这个番号，也就走进了历史，再找不到别的信息。

从开国中将黄志勇的苏区履历中，可以看得到这支部队随后的部分战斗经历。黄志勇于1931年6月任崇义县上堡暴动队政治委员兼特支书记，不久任上堡、麟潭、丰州游击大队政治委员，并从此改名为黄志勇。1932年2月调任中国工农红军独立第九师第四十三团二连党支部书记。7月，第四十三团编入红三军团第7军后，随军参加了南雄水口战役及以后的历次反"围剿"、长征……

"红军是工农的武装"

赣南有很多美丽的风景，也有大量苏区标语。在这些标语中，石城县木兰乡竹斜村小组一座百年老屋里的一条标语，给我留下了比较深刻的印象。

这条标语内容是"国民党是豪绅地主的死走狗，红军是工农的武装"。落款为"红八军六师九团二连"。

石城是中央苏区全红县，处于中央苏区的核心区域，见证了苏区时期的大量历史事件。加上封建时期，石城经济水平较高，各地均有大量客家大宅，所以留下的苏区标语相对比较多。但是，或许是出于保密的原因，这些标语大多都没有落款，只能根据当时的形势来判断书写的时间。从这个角度上说，这条留有落款的标语更显得弥足珍贵了。但是，根据石城县的党史资料，说到毛泽东、朱德转战赣南闽西，基本上都是说"红四军、红十二军"；说到秋溪整编，就是"红五军团"；说到石城阻击战，就是"红三军团和少共国际师"。那么，"红八军六师九团二连"又是哪一支部队？能反映石城的哪一段历史呢？

据资料显示，中国工农红军历史上有过三支"红八军"：

一支是龙州起义建立的由俞作豫任军长的红八军，一支是隶属于红三军团建制的红八军，一支是由湘赣苏区地方武装组建的由萧克任军长的红八军。

在这三支部队中，龙州起义（1930年2月1日）建立的红八军于1930年10月下旬，在凌云县与百色起义建立的红七军会师，并被编入红七军。1932年2月中旬，湘赣红军独立第一师和独立第三师在永新合编后由萧克任军长的红八军，其活动范围主要在湘赣苏区。所以，在石城留下红色标语的只可能是隶属于红三军团建制的红八军。那么，红八军又是什么时候来到石城的呢？

1930年5月，李立三在上海召开全国红军代表会议，决定将全国红军整编为四个军团，其中湘鄂赣彭德怀部扩编为红三军团，下辖红五、红八两个军。其中红五军约七千多人，是彭德怀的基础部队，红八军约八千多人，是由原长期单独活动的五纵队升格而成。至此，红八军这支能征惯战、战绩彪炳的英雄部队开始出现在中国工农红军序列里。红八军刚成立，有一个阳新县的高个子青年报名参军，他叫王惟允，被分配到二纵队一大队当兵，一大队大队长周玉成是平江起义的老战士，看他读过几年书，就让他到大队宣传组写标语。周大队长当时没想到，25年后，自己成了共和国开国中将，而这位后来改名为王平的写标语的新战士，竟然当了上将。

红八军刚成立，奉命跟随三军团南下攻打长沙。1930年7月27日攻占长沙，随后于1930年8月23日与红一军团在浏阳会师，合编为红一方面军。红一方面军成立后，根据中共中央指示，再次攻打长沙。因两次攻城不克，遂移师江西，攻占吉安，扩大了赣南、湘东的红色区域。

1931年4月中央苏区第二次反"围剿"时，红八军各师改由红三军团直辖，红八军军部被取消，只保留名义。1931年9月第三次反"围剿"胜利后，因为部队减员太多，红八军番号被正式取消，六师改为二师，四师三个团分别编入一、三、六师，统归红五军（军长邓萍，政委贺昌）。红八军这支拥有光荣历史的部队仅存在了一年半。

那么，这条标语又是什么时候写作的呢？会不会是王平上将的手笔？

考证军史可以查到：1930年10月下旬，红三军团转移到赣江以东，驻扎在宁都县的黄陂小布一带……12月，红一、三军团在兴国龙冈歼灭张辉瓒部。

1931年1月，红军在东韶击溃谭道源部，后去攻打葛坳。2月，蒋介石开始第二次"围剿"，红八军从4月下旬起驻扎龙冈。5月中旬，红三军团出击富田地区，歼灭公秉藩部，5月下旬，红军乘胜攻击广昌歼灭朱绍良第六路军一部。月底，红军进到福建，攻打建宁县城。6月初，红三军团前进到黎川一线驻防。

　　同时，根据王平上将的回忆，第二次反"围剿"胜利以后，红军的中心任务，是利用军阀混战的时机，积极发展积蓄力量，为粉碎敌人第三次"围剿"做好准备。1931年6月初，红三军团前进到黎川一线驻防……6月下旬，蒋介石又调了30万兵力，亲自任总司令，在南昌坐镇指挥，对中央苏区进行第三次反革命"围剿"，这时，红三军团和第四军、第十二军等部分散在闽西的将乐、顺昌、沙县、归化、宁化、清流、长汀等地区，进行筹粮筹款、扩大红军等工作。7月，敌军采取"长驱直入"战略，深入苏区，横冲直撞，寻找红军主力决战。红军继续采取"诱

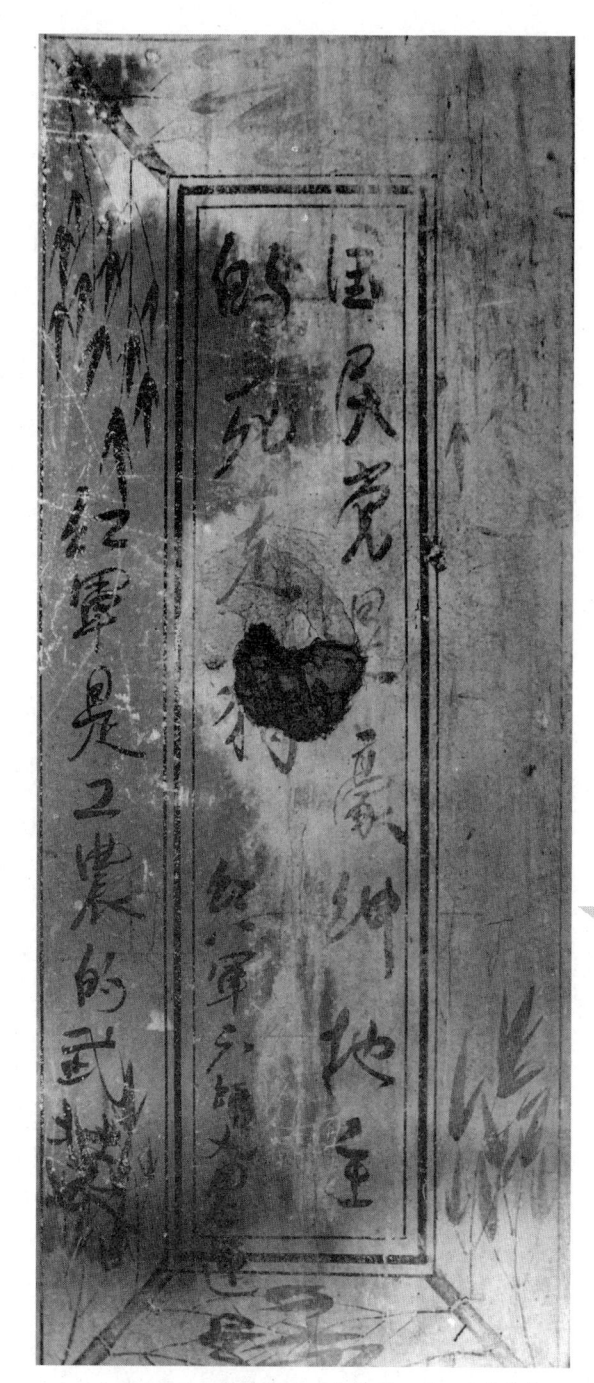

⊙石城县木兰乡竹斜："国民党是豪绅地主的死走狗，红军是工农的武装"。"红八军六师九团二连"

敌深入"的方针，决定"避敌主力，打其虚弱，胜后再追"。根据红一方面军命令，红三军团七月初由闽西建宁及赣东出发，采取急行军，经安远司（属宁化县）、石城、壬田等地区，爬山越岭，涉河过涧，跃进千里回师瑞金地区。他说："我们沿途严密封锁消息，有时昼行夜宿，有时昼伏夜行，常常出现我们在山林里宿营，下边就是敌军的情形。但红军的动向他们全然不知。由于保密工作做得好，敌军深入苏区半个多月，不但找不到红军的主力，还不时遭到苏区地方武装的袭击。"……第三次反"围剿"胜利后，因为部队减员太多，9月，红八军番号被正式取消。

从木兰乡所处的位置看，这里既是石城通往广昌的要道之一，也是广昌通往建宁的道路之一。再加上这些标语的落款及比较其他资料显示的红八军的作战经过，木兰竹斜的这条标语应该是在1931年5月到8月之间所留下的。从个人理解看，最大可能就是6月下旬红八军攻下建宁城，在赣南闽西筹粮筹款时所写。因为在此之前，红八军没有来过。从5月16日攻占固陂开始，到5月31日占领建宁城为止，16天横扫七百里，打了五仗，这样的战斗强度中未必会有时间写标语。在此之后的7月，为了隐藏部队行动方向，沿途封锁消息，当不会故意写下标语。到了9月，则连"红八军"的番号都已经取消，自然更不可能留下这样一条标语。

无论怎么说，可以肯定的是，这条标语是苏区红军第二、三次反"围剿"时候的印记。当然，标语的写作者未必是王平上将，因为他当时所在的是红四师第三团，先后担任连队文书和机关枪连指导员。至于具体的写作者是谁，因为年代久远，已经无法进一步查找确认了。

顺带记一下，红八军六师这支部队的血脉也一直在红军、八路军和解放军中留存。他们后来的经历，据百度的资料，是这样的：红八军六师→红五军二师→红三军团四师十一团→红一军团四师十一团→八路军一一五师三四三旅六八六团二营→临郯费峄边联支队→1941年并入一一五师教二旅五团→一一五师教二旅五团→鲁南军区五团→山东野战军八师二十三团→华东野战军三纵八师二十三团→二十二军六十五师一九四团。

"白军士兵是工农出身，不要拿枪打工农"

对一般人而言，目前崇义县最有名气的地方可能是上堡乡，因为有上堡梯田。然而，上堡不仅有梯田，还有"八一"南昌起义部队"赣南三整"的上堡整训故事，还有红七军转战赣南的战痕。在上堡村莲塘的吴屋，就有一条硕大的标语："白军士兵是工农出身，不要拿枪打工农。"落款是"红三军团七军19师56团"。

其实，写这条标语的时候，已经是红七军第二次来到崇义。

1929年12月，邓小平、张云逸等组织领导百色起义，建立中国工农红军第七军。翌年2月，龙州起义成立红八军。这是在南昌起义、秋收起义、广州起义的影响和鼓舞下，中国共产党在广西少数民族地区实行"工农武装割据"的一次光辉实践。红七军、红八军作为三大主力红军以外的红军部队，在左右江地区坚持斗争十个月以后，由邓小平、张云逸、李明瑞率领主力于1930年10月沿桂黔边、桂湘边、湘粤边转战以会合朱毛红军。

1931年2月，邓小平、李明瑞根据崇义山高、林深，地处粤、赣、湘三省边界，有党组织和游击武装，目前敌情不严重的特点，加上红七军千里转战，三十多日来的紧张行军和连续作战，部队都没有很好地休息过，战士颇感劳累，伤病员与日俱增的现状。经认真讨论，决定部队暂时在崇义休整，以崇义为中心创造巩固苏维埃政权，深入土地革命，同时加强党的建设工作及整顿发展红军，实现扰敌后方的任务。红七军的到来，得到苏区人民的热烈欢迎。苏区人民腾出最好的房子给红军住，把最好的食物送给红军吃，并且组织苏区民间中草药医师上山采药为红军治病，让红军伤病员在短期内就很快恢复。红七军还在长潭举办了一期地方干部训练班。训练班由红七军领导轮流上课，主讲马列主义基本常识，共产主义ABC，一般军事技术和红军游击作战中通常采用的战术等。训练班为发展上犹崇义苏区培养了一批骨干革命力量。3月上旬，国民党军驻赣州第十二师第三十四旅（马昆旅）纠集南康、上犹、崇义三县国民党警察队及唐江商团，从崇义扬眉、上犹中稍两路合围进袭崇义县城。红七军随之主动转移，同年7月到达中央革命根据地，归红一方面军第三军团建制。1931年9月下旬，中央红军在瑞金召开庆祝第三次反"围剿"胜利大会，红三军团彭德怀军团长在会上称赞红七军是"猛如虎，精如猴"的英雄部队。11月，中华苏维埃第一次全国代表大会在瑞金召开，会上，中华苏维埃共和国临时中央政府主席毛泽东赞扬红七军的英勇斗争精神并授予红七军一面锦旗，绣着"转战千里"四个大字。从这些历史资料看，红七军在这一次转战中进入赣南的第一站就是崇义。不过，从当时的部队番号看，只有五十五团和五十八团，所以这条标语应该不是这时候写的。

后来，红七军又一次来到崇义。

1932年3月，中央红军攻打赣州不克后，在江口召开中央局会议，决定以红一军团和红五军团组建中路军（后改为东路军），担任赤化赣江东岸的任务（后入闽作战）；以红三军团组成西路军，占领上犹、崇义，进而占领湘南一带，扩大湘赣苏区。3月16日，红七军抵达崇义县城。17日下午，红七军五十六团、五十七团共3000余人占领关田。随后，扫除了该地区的地方豪绅靖卫团和反动民团等地主恶势力，协助当地建立红色政权，开展工作。在工作团的指导下，人民群众革命热情高涨，掀起了打土豪分田地、建立革命政权的热潮。5月，红军和广大群众还敲锣打鼓云集上堡圩，热烈庆祝上堡苏维埃区政府正式成立。上堡地区划分为真和、竹溪、赤穴、良和、正源和暖水六个乡。各乡也随即成立苏维埃政府。

没几天，粤军第三军独立第三旅范德星部进攻崇义，并开至聂都、文英附近，红七军五十六团、五十七团遂主动转移，撤到南康以北，并向唐江、潭口游击，以截断赣州与南康的交通。红七军以敌进我退、敌退我追的战术与敌军周旋，迫使粤敌退出崇义地区。

⊙崇义县上堡村："白军士兵是工农出身，不要拿枪打工农""红七军19师56团"

6月中旬，湘军王东原部四个团与红七军二十师之六十团在上堡遭遇。红军首先是主动撤离，然后又集结第十九师、第二十师的优势兵力，向上堡驻敌进攻，经过6小时的激战，敌人狼狈逃走。自此，崇义境内没有了敌军。

夏季以后，红七军随后也奉命牵敌于外，打击粤敌，以保卫中央苏区。1932年底至1933年春，红七军又参加了中央苏区第四次反"围剿"斗争，在黄陂、草台岗两次战斗中重创敌军，为胜利粉碎第四次"围剿"作出贡献。

1933年6月，根据中央革命军事委员会关于改编红一方面军的通告，红一方面军撤销军一级建制，由军团直辖师。红一军团，辖第一、第二、第三师；红三军团，辖第四、第五、第六师；红五军团，辖第十三、第十五师。其中，红七军和红二十一军一部合编为红三军团第五师，成为中央主力红军的一支劲旅。

从上述经过看，红三军团七军十九师五十六团在上堡村莲塘的吴屋所留下的"白军士兵是工农出身，不要拿枪打工农"标语，很有可能是在1932年5月初书写的。

古村红痕

"纪念国际青年节,打倒国民党"

田野采风很有意思,经常能遇到稀奇古怪的事,尤其是在原苏区区域。2010年冬天,一个很偶然的机会,我找到了曾任少共国际师宣传员的失散老红军白谦善。那时候,他还很健谈。说起自己成为红军的一员,他告诉我说:"那时候,13到16岁的就做儿童团,主要是放哨、查路条。17到25岁的就做少先队,就是打土豪分田地,35岁是赤卫军,要挑担。我原来是少先队长、代表,还是优待红军家属青年代耕队队长。那时候说扩大100万铁的红军,不管什么责任都要做,少先队全体动员,要去挑担(担任运输员)。我就从犁壁村出来,去挑担了。"

这是我唯一一次碰到这支特殊部队的一员,作为宣传员的白老,还用苍老的嗓音给我们唱起了他年轻时候的歌《上前线》:

炮火连天响,战号频吹,决战在今朝。有我们少年先锋队,英勇武装上前线。用我们的刺刀、枪炮、头颅和热血,嘿,用我们的刺刀、枪炮、头颅和热血,坚决与敌决死战,开展胜利的进攻,消灭万恶的敌人,夺取那抚州、吉安与南昌等中心城市,苏维埃的旗帜插满全中国,嘿!插满全中国,完成革命的胜利。

这首歌很容易让人想起少共国际师的《出征歌》:

我们就是少共国际师,九三日,在江西誓师出征去。高举着少共国际的光辉旗帜,坚决的,勇敢的,武装上前线。做一个英勇无敌红色战斗员,最后的一滴血,为着新中国。

⊙石城县小松镇丹溪："纪念国际青年节，打倒国民党。"

我们是少共国际师，九三日，在江西誓师出征去。擦亮刀，子弹上膛瞄准敌人放。破"围剿"，缴枪炮，消灭国民党。赶走那帝国主义侵略的势力，最后的一滴血，为着新中国。

1932年12月，蒋介石调集近40万兵力，对中央苏区发动了第四次"围剿"。1933年2月8日，中共苏区中央局作出《关于在粉碎敌人四次"围剿"的决战前面党的紧急任务决议》，要求"最大限度的扩大与巩固主力红军，在全中国各苏区创造一百万铁的红军，来同帝国主义国民党军队作战"。这就是白谦善老先生提到的"扩大100万铁的红军"的背景。

1933年5月中旬，红军总政治部向中央提出了建立少共国际师的建议。5月20日，少共苏区中央局就作出创立少共国际师的决定："为完全彻底的粉碎四次'围剿'，须要更快地完成扩大一百万铁的红军的任务……少共中央局决定由江西征调四千，福建征调二千，闽赣征调二千，到今年'八一'节为止，完成少共国际师"。1933年6月下旬，少年先锋队中央总部在瑞金召开了江西、福建、湘赣、粤赣等省和边区的少先队队长联席会议。朱德总司令亲临大会讲话，他分析了国际国内政治形势和根据地面临第五次"围剿"的严重情况，阐述了动员青少年积极参加少共国际师的迫切意义，

古村红痕

号召团和少先队的干部、团员和少先队员踊跃参军,用武装上前线的实际行动,保卫土地革命的胜利成果,推翻帝国主义、封建主义和官僚资本主义的黑暗统治。

1933年8月5日,少共国际师成立大会在博生(今宁都)县跑马场召开,9月3日,经过一段时间紧张训练的少共国际师在成立地举行了隆重的出征誓师大会。萧华回忆说,选择9月3日,因为当时的青年节是这一天。全师官兵高唱《少共国际师出征歌》"我们就是少共国际师,九三日,在江西誓师出征去……"开赴前线。

少共国际师组建时,部队归红一方面军总部直接指挥,随后被宣布为全军总预备队。陈光、吴高群、曹里怀、彭绍辉为历任师长,冯文彬、肖华先后担任政委。部队先后隶属于红五军团、红一军团。时任少共国际师政委的萧华回忆说:"少共国际师的成立,是为了抗击和粉碎敌人的疯狂进攻,保卫革命根据地。'八五'誓师以后,我们开赴石城,展开了紧张的战斗训练。"

红三军团打下福建沙县后,少共国际师派出一个团到前线搬运武器,把自己装备起来。少共国际师军政训练刚告结束,第五次反"围剿"战斗也开始打响。少共国际师随即开赴黎川前线,配合红三、红五军团在东方战线投入战斗,抗击敌人。在闽北拿口,少共国际师打了第一仗,歼敌500余名。初次参战即打了胜仗。朱德、周恩来和杨尚昆专门致电祝贺,称赞他们这次战斗是"铁拳初试"。随后部队参加了团村战斗,吴高群师长壮烈牺牲。萧华说:"1934年10月初,我们少共国际师承担了掩护军团主力转移的任务,展开了石城保卫战。这是整个中央红军战略转移的开始。这一仗打得很壮烈。连续战斗的伤亡,使一万多人的'少共国际师',只剩了五千来人……经过一年来的艰苦战斗,我们这支平均年龄不满二十岁的队伍,为了共产主义和新中国的理想,锻炼得更加坚强了。"虽经紧急补充,但在长征中又迭经恶战,少共国际师减员到仅余2700余人。遵义会议后,部队整编,番号撤销,余部分别被编入红一师、红二师,至此,少共国际师成为历史名词。

在一些影视剧中,因为"少共"的原因,不少人将"少共国际师"

看作是娃娃部队。这是因为一般人都容易将苏区时候的"少先队"与时下的"中国少年先锋队（简称少先队）"混淆。时下的"少先队"是中国少年儿童的群众组织，由共青团直接领导，其对象多是小学生。但在苏区时候，少共国际其实就是青年共产国际，即第三国际领导下的各国革命青年的国际联合组织。苏区的少共中央局，也是全国共青团最高领导机关。

开国少将彭富九回忆说，当时根据地有这样的规定：25岁至45岁的青壮年参加赤卫队，17岁至24岁的青年参加少先队，8岁至16岁的少年儿童参加共产儿童团。后来儿童团的年龄范围调整到6岁至14岁，与小学生的年龄一致起来。也就是说，当年的共产儿童团相当于新中国成立之后的少先队，而当年苏区的少先队，则接近于现在的共青团，类似于特殊时期的青年突击队。所以，少共国际师年纪不大，可以说是一支红小鬼部队。

仅存在一年半的少共国际师，还走出了大批共和国开国将军，如开国上将萧华、彭绍辉，开国中将陈正湘，开国少将吴岱、何廷一、江拥辉、李景瑞、杨思禄……八十年过去了，不知道他们在后来的军旅生涯里，会不会记得他们留在石城县丹溪村的标语：

"纪念国际青年节，打倒国民党。"

"纪念国际青年节，消灭蒋介石的主力部队，要最后的坚决的争取粉碎敌人五次'围剿'的全部胜利！消灭法西斯蒂。"

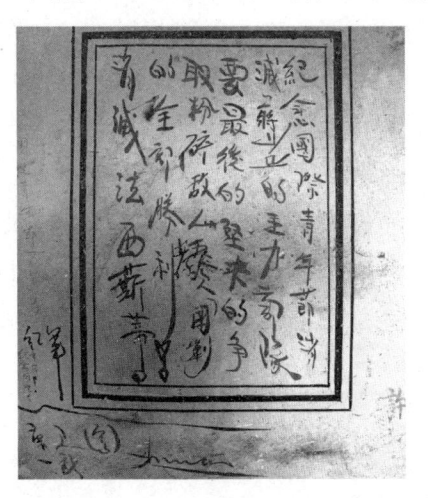

⊙石城县小松镇丹溪："纪念国际青年节，消灭蒋介石的主力部队，要最后的坚决的争取粉碎敌人五次'围剿'的全部胜利！消灭法西斯蒂。"

"夺取赣州，活捉马崑"

在赣州市章贡区水东镇的坝上小组，我们看到两条标语：

"打倒帝国主义。活捉马崑"。

"夺取赣州，活捉马崑。夺取赣州武装拥护苏联。夺取赣州武装保护苏联。夺取赣州消灭军阀混战。反对日本帝国主义出兵东三省。反对第二次世界大战。反对帝国主义瓜分中国"。

马崑（历史资料里一般称为马昆，所以本文接下来也就都用马昆这个名字）就此进入我们的视野。

马昆是个小人物，他不过是一个杂牌军的旅长。他出身滇军，不是黄埔军校嫡系，实力也不够强大，不受蒋介石待见，和国民党的很多将军比较起来，地位不够显赫。

然而，马昆也不是个小人物。马昆是少有的亲历过护国、北伐、土地革命、抗日和解放战争的人。他曾经在护国战争中冒险抱着一床湿被子堵住敌人的机枪，夺下战略高地，成为扭转战局的关键，受上级嘉奖从士兵升为班长；在军阀割据时期，他在滇黔间赈灾扶贫，被乌蒙山万民赞誉；在北伐战争中，他带领家乡的子弟兵英勇善战，被提升为师长。南昌起义部队失败后，朱德率余部上井冈山过马昆防线时，因朱德和马昆原同属滇军，马昆念旧，没有对起义部队积极堵截，后被蒋介石察觉，马昆被降为副旅长。

马昆所部并不被红军重视，但他现在一个旅几千人，像一枚钉子一样扎在苏区中间，加上滔滔赣江，将苏区分成东西两部分，不能成为一体。

1932年初，随着第三次反"围剿"战争的胜利，红军斗志越来越旺，无论是打中央军还是打地方武装，都越来越得心应手，感觉

⊙章贡区水东镇坝上:"打倒帝国主义活捉马崑"(陈浩光摄)

胜利的曙光已经来临的想法越来越强烈。1月9日,博古代表中央作了《中央关于争取革命在一省与数省首先胜利的决议》,要求红军占领南昌、抚州、吉安、赣州等"中心城市"。在信丰县新田镇百石村大屋下也还有"武装拥护苏联,夺取赣州吉安,争取江西一省与数省首先胜利"的标语。

临时中央的多次命令,让苏区中央局不得不开会讨论红军攻打赣州问题。会上,毛泽东反对打这一仗。他认为,要打赣州也应该是围城打援。但中央局和中革军委的多数同志不赞成他的观点,还是主张攻打赣州。对于曾经打进过长沙的彭德怀来说,虽然赣南闽西有"铜赣州铁上杭"之说,但那是冷兵器时代的称呼,如今,部队有了炸药机枪,"铁上杭"也早就打下来,小小赣州应该也不在话下。

既然如此,那这回不管马崑是谁,反正,赣州之仗是一定要打了。
当然,作为区域中心城市,赣州不是第一次被红军攻打。
据《赣南革命三十年》记载:
1930年3月,毛泽东率红四军曾围攻赣州两天,未克。

古村红痕

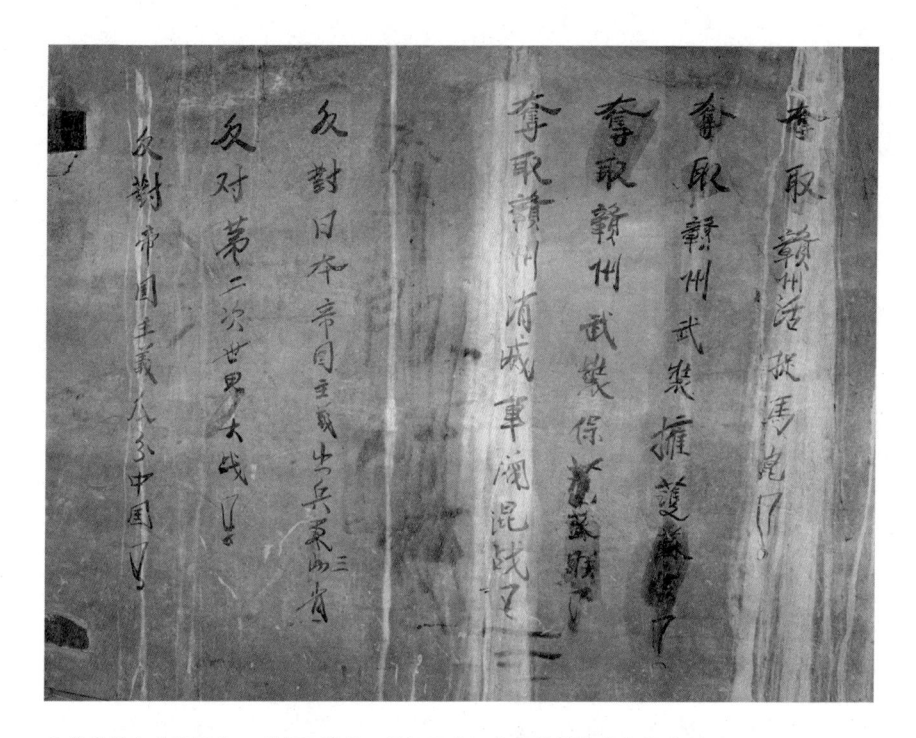

⊙ 章贡区水东镇坝上:"夺取赣州,活捉马崑。夺取赣州武装拥护苏联。夺取赣州武装保护苏联。夺取赣州消灭军阀混战。反对日本帝国主义出兵东三省。反对第二次世界大战。反对帝国主义瓜分中国"(陈浩光摄)

　　同年5月到7月,赣南地方革命武装和各县革命群众数万人,在赣南暴动总指挥部率领下,先后4次发动攻城战斗,也没有攻下。

　　8月上旬至11月,刚组建的红二十二军和红三十五军在赣南地方武装配合下,两次攻打赣州城,也没有奏效。

　　不过,这几次攻城虽然没有成功,红军本身也没有受到损失。而且在"攻打赣州"的口号下,广泛动员和发动了大量群众参与土地革命。可惜的是,两年后的赣州已经不是原先的赣州,进攻方与防守方的力量都有了很大的改变。

　　1932年的赣州城内,有江西"绥靖公署"主任朱绍良直接指挥的敌军第十二师之马崑第三十四旅(2个团和1个独立连)6000余人和地方靖卫团2000多人,加上17个县的民团指挥部,约1.3万人。另外,周边的吉安和粤北各有敌军一部与赣州守军相策应。

　　战争机器按照既定的程序继续运转。1月10日,中革军委发出

《关于攻取赣州的军事训令》，对攻打赣州做出部署：

将主力红军和地方武装共3万余人，分成主作战军、支作战军和机动部队三个部分。主作战军以彭德怀为前敌总指挥，包括攻城部队红七军，红五军第一师、第二师；坑道队、爆炸队、炮兵队；总预备队第三师（后为红十五军）；监视部队第十二师；地方工作部队第四军。支作战军以陈毅为总指挥，包括红军独立第二、第四、第五和第六师，其余为机动部队。赣州城外，是彭德怀率领的红三军团及红四军、红七军。

1月中旬，红三军团和红四军分别由会昌和石城向赣州进军。红四军行进途中，在新城附近歼灭增援赣州的粤军独立第一旅第三团大部，俘虏300余人。2月4日，红三军团抵达赣州城东外五里亭、天竺山和城西南郊，开始修筑工事，进行政治动员、阵地练兵等多项攻城准备。攻城部队分工是：红七军攻打东门，红三军团第二师攻打南门，红三军团第一师攻打西门。

与此同时，赣州守将马昆命拆除外围工事，撤入城中，集中兵力，缩短战线，固守待援。其第六十七团守东门、小南门、建春门，第六十八团守南门、西津门，地方武装和民团协助守城。

2月13日，红军选择在赣州西南城角开始尝试攻城。部队在机枪和炮火的掩护下，冲到城墙下，架起云梯攻城。守军立即投掷滚木和手榴弹，并加大火力。爬城进攻无济于事。

2月14日，"南昌行营"命令驻吉安的第二路军总指挥陈诚派兵增援赣州。15日，陈诚将驻泰和、万安一线的十一、十四、五十二师组成"援赣剿赤进击军"，罗卓英为前敌指挥。

17日，主攻东门的红七军采用坑道爆破方式，用"棺材炮"将东门月城右侧城墙炸塌3米宽，红军冲锋队乘机迅速抢占右侧城楼，但因敌军顽强抵抗，红军在击退敌军八次反扑后，被迫撤下城楼。同日，主攻南门的红二师和主攻西门的红一师也相继爆破攻城，均未克。

23日，红军又在西门、南门和东门同时对赣州城进行爆破，但均未能冲进城内。爆破东门时，因坑道炸药室位置不准，导致爆炸后城墙向外倒,还导致了不少红军战士的无谓牺牲。

一边是攻城不利,一边是增援不断。

3月1日,中革军委发布《关于坚决夺取赣州乘胜消灭来援敌人的训令》,同时将总部移驻赣州城郊,并增调红五军团参战。同日,敌援军在赣州城北门抢搭浮桥成功,黄维所部两个团次日经浮桥入城。然而,红军没有掌握这一动向。

4日,红军再次爆破,但马昆所部早有防备,已经预先筑起了第二道防线。红军反复强攻无果,不得不撤出战斗。西门和南门则因为坑道积水,爆破失败,更是无法越过防线。

6日,敌援赣军总指挥罗卓英下令,赣州城内守军三十二旅两个团从西南门坑道越出,向白云山出击。三十四旅六十八团则从东门和小南门之间的坑道越出,向天竺山出击。

一时间,攻守交换,整个战局骤然逆转!

7日凌晨,红军攻城部队和敌军出击部队在赣州城外展开激战。红军因突受偷袭,腹背受敌,一时处于被动状态。幸好下午红五军团第十三军前来增援,用大刀片与敌展开白刃战,才击退敌人冲锋,确保红军攻城部队余部撤出战斗。

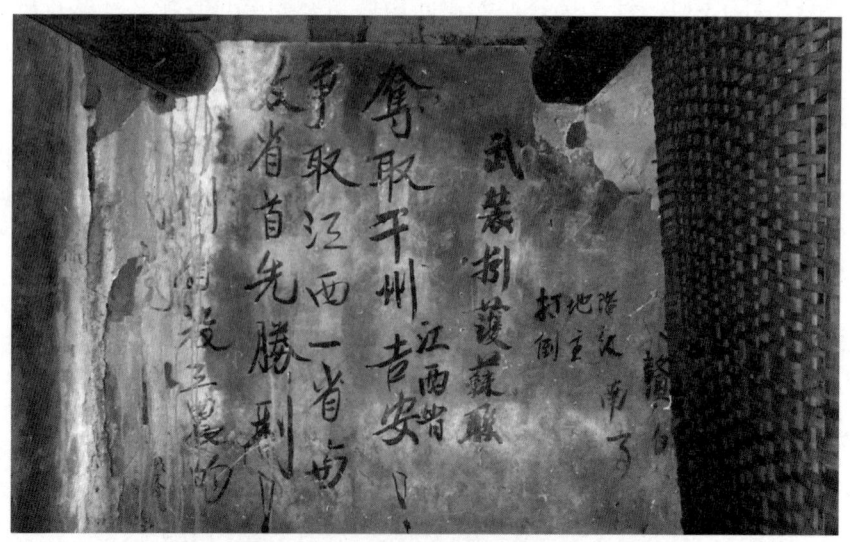

⊙信丰县新田镇百石村大屋下:"武装拥护苏联,夺取赣州吉安,争取江西一省与数省首先胜利"(徐献忠摄)

随后，苏区中央局在赣县江口镇召开扩大会议，讨论中央红军随后的行动。会议决定将红一军团、红五军团组成中路军，红三军团为西路军，准备夹赣江而下，夺取赣江流域的中心城市。中革军委于13日明确，红一军团仍以夺取赣州为目的。但紧接着在16日为撤围赣州发表《告工农红军与群众书》，提出撤围赣州不是放弃攻打赣州，而是为了先赤化整个赣南然后再夺取赣州；17日又发布训令，总结了攻打赣州的失败教训，但认为攻打赣州在政治上是完全正确的。

正确也罢，偏差也罢，目前的结果已经无法改变。其后，中革军委接受了毛泽东的建议，将中路军改为东路军入闽作战，随后攻打漳州并取得胜利。而赣州再没有被红军围攻，直到解放军南下。

赣州之战，让马昆从一个小人物到被蒋介石等高层瞩目，随后被授予少将军衔，进中央军校高教班受训，成为蒋介石嫡系。然而谁也没想到，在解放军挺进西南的大进军中，1949年12月，马昆率部在乌蒙山起义，最终又走到"红军"中来。解放后，他先后任贵州省政府参事、贵州省政协委员等职，直到1980年以83岁高寿离世。

赣州战役历时33天，红军不仅未能破城，反遭很大伤亡，而且失去了利用当时有利形势去充分发动群众、扩大红军，巩固与扩展苏区的宝贵时机。更麻烦的是，使得广东军阀与蒋介石之间的矛盾有所缓和，为其后反"围剿"作战增添了新的困难。

但是，赣州之战的结果中更重要的是，毛泽东的军事才能被更多的红军将领所接受，进一步提升了他在红军中的威信，为日后掌握主动权，指挥红军南征北战并最后取得全国胜利奠定了坚实的基础。从这个意义上说，赣州是关键的，马昆是重要的。

古村红痕

"夺取南昌九江武汉总暴动胜利"

会昌县庄埠乡的一间普通房子里，有一条标语：

"夺取南昌九江武汉总暴动胜利、打倒国民匪党……"

这样的标语，在赣南闽西并不少见。在这条标语的后面，又隐藏着一段怎样的历史呢？

南昌当然是个大城市。南昌还是个具有特殊意义的大城市——特别是对共产党人来说，这几乎是一个常识：

1927年8月1日，中国江西南昌，由中国共产党领导的军队针对国民党的反共政策发起武装反抗。南昌起义是土地革命战争时期，共产党联合国民党左派，打响武装反抗国民党反动派的第一枪，揭开了中国共产党独立领导武装斗争和创建革命军队的序幕。

南昌起义后，中国工农革命军先是一路南下到潮汕，随后朱德率余部又打回赣南。1928年4月，在井冈山与秋收起义部队等会师，成为中国人民解放军建军史上的另一重要历史事件。1928年5月以后，这些部队陆续改称中国工农红军，简称"红军"。中央红军转战赣南闽西，建立中央革命根据地，南征北战不断扩大根据地，反击各路军阀"围剿"，其间多少次回首南昌已经不可知。可以考证的是，当时的党中央也依然时时不忘打回南昌。

从1927年到1930年，三年时间，转瞬即逝。

1930年，蒋、阎、冯之间的中原大战正在激烈进行。这年6月11日，当时的中共中央政治局通过了李立三起草的《新的革命高潮与一省或几省的首先胜利》的决议。李立三起草的决议对形势作了根本错误的估计，认为中国革命也好，世界革命也好，都到了大决战的前夜，全国范围内已有"直接革命的形势"，并"有极大的可能转变成为全国革命的胜利"。在这种思想指导下，中共中央制订了以武汉为中心的全国总暴动和集中红军进攻中心城市的冒险计划，重点是武汉暴动、南京暴动和上海总同盟罢工，并要求各路红军"会师武汉""饮马长江"。6月15日，中共中央致信红四军前委，提出："现在红军的任务，不是隐蔽于农村中作游击战争，它应当积极进攻，争取全国革命的胜利。"信中还说，"你们固执过去的路线，主要的原因是你们没有了解整个革命形势的转变。这的确也难怪你们，因为你们处境太偏僻了。"

根据中共中央的指示，红四军、红六军（赣南）、红十二军（由红四军第三纵队和赣南地方武装合编而成）整编为红军第一路军，不久改称红军第一军团，由朱德任总指挥，毛泽东任政治委员；成立红军第一路军总前敌委员会，由毛泽东任书记。全军团共一万多人，内有共产党员四千人，有枪七千支。6月22日，毛泽东、朱德签发命令："本路军有配合江西工农群众夺取九江、南昌以建设江西政权之任务，拟于七月五日以前全路军开赴广昌集中"。

"夺取南昌九江武汉总暴动胜利、打倒国民匪党……"这条标语应该就是书写于这段时间的。类似的还有崇义县思顺乡牛形岭下组何屋里的标语："夺取中心城市"。

一时间，国共两党调兵遣将，杀机四伏。

时任江西省政府主席兼第九路军总指挥的鲁涤平得知红军夺取南昌、九江的计划后十分震惊，立刻命令南昌、九江、吉安等城市加紧修筑工事。蒋介石又调第十八师两个旅返回江西，加强防务。

"攻打中心城市"的主张，同毛泽东等坚持先在农村实行工农武装割据的思想是根本对立的。朱德后来对美国作家史沫特莱说过："毛泽东和我对于整个方案都表示怀疑，但是我们久居山区多年，能够得到的有关国内和国际局势的情报很不全面。在这种情况下，我们不得不接受我们中央委员会的分析。"

从长汀、石城、瑞金、广昌到兴国，再到吉水、永丰、樟树，红军一路步步推进。毛泽东根据缴获的敌军作战文件，得知了国民党军队在江西的配置情况。他认为，如继续按中共中央命令直接进攻南昌，敌军第十八师两个旅正处在红军东部侧后，威胁较大，南昌城郊池塘

○崇义县思顺乡牛形岭下组何屋:"夺取中心城市"(王受文摄)

较多,又有坚固工事,不易攻克;如在樟树停留,又有受敌军三个旅夹击的可能。为了争取主动,避免被动,会议决定西渡赣江北上,再视情况向南昌对岸推进。红一军团西渡赣江后,于7月27日进抵高安、上高地区。

这时,鲁涤平判断红军将要进攻南昌,急调三个旅加强南昌防务。

29日,朱德、毛泽东下达"相机进占牛行车站"的命令。

牛行车站在哪儿?

牛行车站这个小地方,恐怕绝大多数普通人都不知道它在哪儿。牛行车站位于南昌市凤凰洲,是南浔铁路通车初期在南昌的终点站。1927年7月27日、28日,叶挺第十一军第二十四师、贺龙第二十军由九江方向来到南昌集中,下车的位置就在牛行车站。随后经桥渡过赣江进驻南昌城,参加武装起义。

也就是说,牛行车站可以说是南昌起义部队的集结地。

8月1日,红十二军代军长罗炳辉奉命率两个纵队进占南昌对岸的牛行车站,隔江向南昌鸣枪,以纪念南昌起义三周年,并从实地侦察敌情。

罗炳辉回来后,说明南昌国民党军队防务严实,不宜进攻。朱德、毛泽东立即下令红一军团"撤围南昌,向安义、奉新北上"。这是

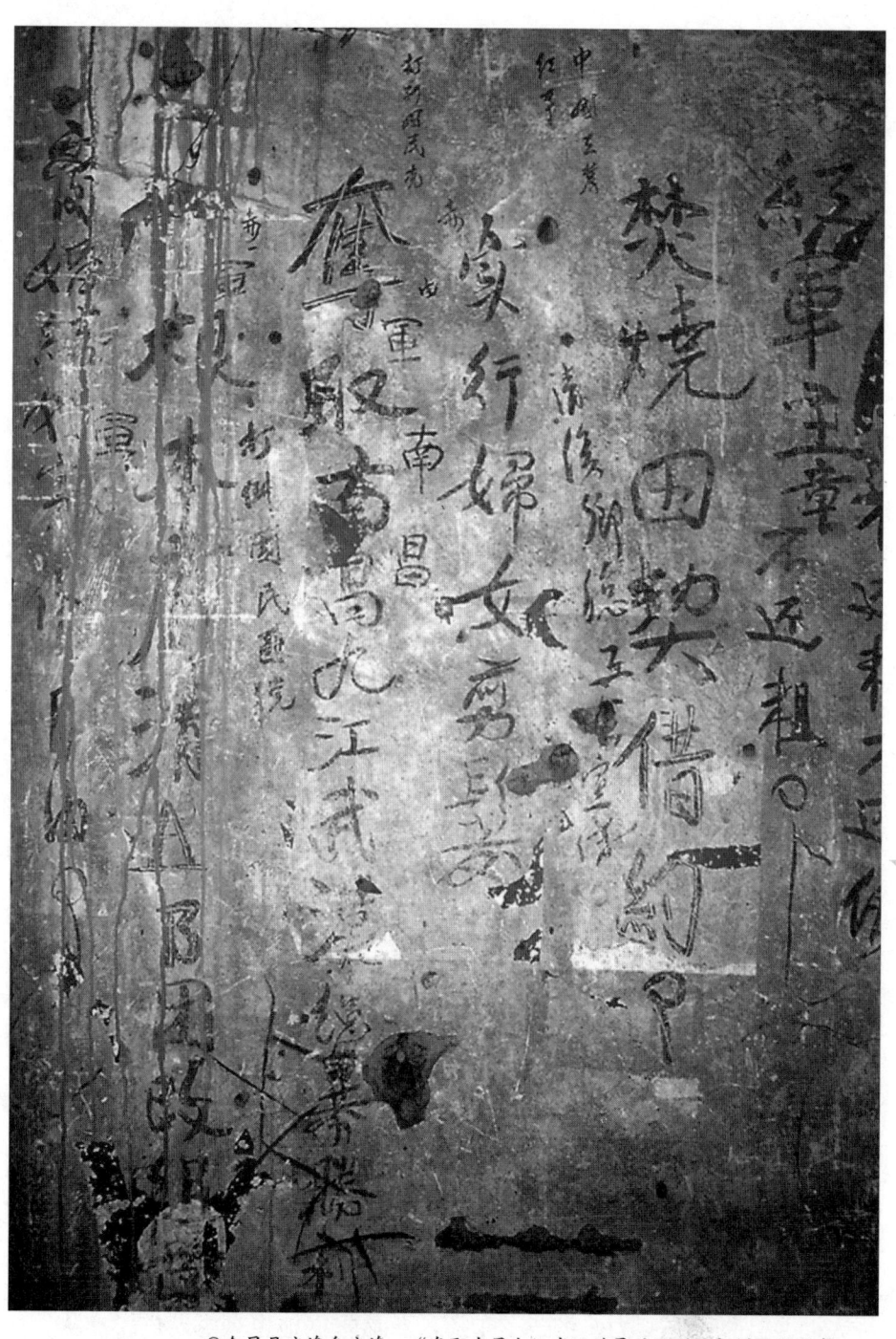

⊙会昌县庄埠乡庄埠："夺取南昌九江武汉总暴动胜利。打倒国民匪党。根本产（铲）清AB团改组（派）第三党。离婚结婚实行自由"（刘小海摄）

国民党军队兵力空虚的地区。随后，红一军团在安义、奉新一带分兵发动群众，并进行扩大红军的工作。

　　进攻南昌、九江是中共中央的命令，要改变这个重大部署，必须做出解释。为此，8月19日，毛泽东给中央写信说道："若直进南昌，则敌人主力没有消灭且在我军后，南昌又四面皆水，于势不利，故乘虚渡河向南昌对岸，前进攻击牛行车站为目标，举行八一示威"。

　　随后，8月7日，毛泽东从报纸上得知彭德怀率领的红三军团已乘虚攻克湖南省会长沙，几天后，又获悉红三军团已撤出长沙，遂令红一军团立刻向湘赣边境西进，同红三军团靠拢。先是奔袭文家市，取得红一军团建立后的第一个重大胜利，随后与红三军团会合，并合编为中国工农红军第一方面军。随后再攻长沙失利，转袭吉安取胜，又连续攻克泰和、安福、吉水、峡江、新干、清江等地，进行了土地革命，使赣江两岸几十个县的红色政权连成一片，红军得到了扩大。

　　胜负如棋局，转瞬之间，有挡有顶有退，空可能变成实。看到红色政权蓬勃兴起，毛泽东诗兴大发，挥笔写下《蝶恋花·从汀州向长沙》：

　　六月天兵征腐恶，万丈长缨要把鲲鹏缚。赣水那边红一角，偏师借重黄公略。

　　百万工农齐踊跃，席卷江西直捣湘和鄂。国际悲歌歌一曲，狂飙为我从天落。

　　就这样，毛泽东、朱德始终坚持从实际情况出发，灵活机动地使用兵力，不断改变进军方向，既达到了威慑敌人，纪念"八一起义"的目的，又没有机械地执行中共中央关于进攻南昌、九江的命令，因而不仅避免了"左"倾冒险主义可能造成的损失，还使红军得到较大的发展。到1930年10月间，红一方面军总人数已达四万人，并且集中了兵力，统一了指挥，革命根据地也有明显扩大，从而为迎接即将到来的大规模反"围剿"作战创造了良好的条件。

"保护分田胜利，就要肃清大刀会保卫团"

相对周边来说，石城县高田镇王柏洋算是一个较大的村子。村子里，一座大屋的后墙上有一条十余米长的标语，是红三军团留下的：

"保护分田胜利，就要肃清大刀会保卫团。"

"大刀会"曾经是清代民间秘密结社团体之一，一般认为是白莲教的支派。其会员以农民为主，包括城乡手工业者、贫苦知识分子和小商贩等。随着大刀会在各地的兴起和逐渐演变，慢慢变成民

⊙石城县高田镇王柏洋："保护分田胜利，就要肃清大刀会保卫团。"

间自卫性质的秘密组织，以"自卫身家"为基本口号。

大刀会的流传，与其"刀枪不入"的神话有关，但所谓的"刀枪不入"，更多的应该是一种硬气功。只是因为夹杂着民间宗教因素，笼罩上了一层神秘色彩，就像古人所说的"传艺者并不能书，或不识字，多遣人代书之。另授以咒，诵咒焚符，冲水令其跪饮，即于灯上吸气遍吹其体，复以砖、棍排击之。诵咒三夜即能御刀，谓诵久即火器亦不能伤矣。大致略似运气之法，气之所至，猛击以刀可以不入，而稍一顿挫，则仍饮刃也。愚民无知，惊为神术"。大刀会当然离不开大刀，但是不是因刀而得名，则众说不一。俗话说"穷文富武"，清末参加大刀会的多数是"富庶之家"，也有一部分是自耕农，而贫苦农民参加者甚少。到民国时期，其成员主要是农民，但领导权还大多掌握在当地地主、富农手里。

石城虽然僻处山区，但因为是武夷山西边，是赣江源头，距离抚河又近，历来为赣南闽西粤东往来的要道，有"闽粤通衢"之称，所以，历来战事频繁，民间习武风气也甚浓。石城的大刀会源于1927年由福建省宁化县安远乡（当时称安远司）及广昌县驿前镇传入木兰乡池家坳。1929年，池家坳何友尧主动纠集地方人士组织大刀会，自任大队长，其后依附在"铲共义勇队"周寿松部下，大刀会组织又发展到丰山、小松、岩岭等处。

在《石城县志》记载的苏区军事斗争中，往往把大刀会和"靖卫团"并列陈述，可见他们既有相同之处，又属不同武装。石城县的"靖卫团"始建于1930年，武器装备五花八门，当然包括作为热武器的枪和铳。而大刀会则以操练武术作防身要道，也信奉喝"神水"、吞"神符"（将符咒烧成灰化在水中，连水吞下，说是可以治病，可以御敌）、起坛念咒等。大刀会与对手作战时，需身穿齐臂八卦衣（又称"神衣"），腹系红围肚（称"金钟罩"），足穿短袜、草履，手持长矛或大刀。围兜内藏白布画的"神符"和黄色纸画的符若干张，每过河、桥、渠时要吞服黄标符一道，自称吞服后两小时内刀枪不入。

其实，大刀会、"靖卫团"之于白军，与模范营、赤卫军（队）

之于红军的关系差不多。

苏区时期，赤卫队是群众性的军事组织，凡是20至50岁的贫雇农、中农及其他劳动者均可以加入，主要任务是维护本地社会治安，同时在战时送粮草、抬担架，支援主力红军作战。视组织大小称军或者队。仍以石城县为例，1931年底，组建的是赤卫军团部，到1932年2月，因队伍扩大到5000余人，遂成立赤卫军军部。

而模范营为各县下属区一级的准军事机构，一般由区一级的军事部长兼任营长，区委书记兼任政治委员。模范营与正规红军类似，营以下设连、排、班。参加模范营的战士务必身强体壮，出身于贫农、雇农、贫民或其他劳动者家庭。模范营的主要任务是维护本区社会治安，亦可奉调外出作战，且其战斗力比赤卫队强。

为了确保土地革命的胜利成果，发动最广泛的群众参与革命，红军经常开展"打土豪、分田地"斗争，就像开头苏区标语所说的："保护分田胜利就要肃清大刀会保卫团。"为对付"大刀会、保卫团"这些民间地主武装，也经常动用红色的地方武装。小摩擦姑且不论，仅补叙《石城人民革命史》等书中记载的数次较大战斗：

1932年3月，大刀会两千余人在驿前一带经常攻打区、乡苏维埃政府，屠杀革命干部和群众。为保卫红色政权和人民生命财产安全，县军事部根据宁广石（宁都、广昌、石城）指挥部命令，调珠江区模范营开赴驿前剿灭大刀会。珠江区模范营开赴驿前途中，在松树岗同大刀会匪遭遇，大胜之。刀匪逃往宁化县安远司。珠江游击队就与石城县独立团夹击大刀会于安远司。两仗共毙敌110余人，还缴获步枪100多支，梭镖、大刀100多件。

1933年2月24日，珠江区模范营奉县军事部命令，进军宁化营上围歼大刀会。会首肖运青见模范营一到，便从山上冲杀下来，模范营指导员奋勇上前，挥刀应战，副连长谢从仁一马当先，冲上去舞起钩镰，一刀一个，当场砍死刀匪16人，砍伤18名，杀得大刀会溃不成军，缴获步枪1支，子弹10发。随后，模范营紧追逃敌，又杀死50余人，活捉5人，缴获梭镖40余枝、短刀15把。

1933年6月13日，石城县独立团与珠江、大由两区模范营

500余人，到宁化县安远司围剿大刀会。到达安远司时，刀匪正在庵里吃符念咒，扎头挂带画花脸，闻知我军来了，便凶猛地扑来。谢从仁带领模范营奋勇杀敌，舞起钩镰，把肖运青砍倒，其余刀匪见头子被杀，只顾逃命。模范营战士乘胜追击，毙敌100余人，俘43人，缴获大刀20把，梭镖150余枝。

1933年9月，珠江区模范营、县警卫连会同宁都警卫连打败了以于师傅为首的一股大刀会。同年12月，县独立团、警卫连及小松、珠江、坝口模范营300多人，在石城与广昌交界处，打死打伤刀匪100余人，缴枪30多支，大获胜利。

1933年11月，广昌县以杨品山为首的一支大刀会200余人，袭击石城县木兰区苏维埃政府，打死5名红军战士，又冲进杨坊村，大肆屠杀抢劫，后退回高田上柏村驻扎。木兰区委、区苏集中木兰、杨坊、河家湾、新坊等乡游击队及区模范营300余人前往上柏清剿。当时刀匪正在大吃大喝，猜拳行令，毫无准备，模范营和游击队指战员猛冲进去，当场击毙了杨品山。

1934年2月，县警卫连和赤水、宁都警卫连，会同珠江、小松、木兰等区模范营，包围了盘踞在高坑一带的100余名大刀会，激战一个多小时，杀死刀匪25人，活捉15人。

从模范营成立到红军踏上长征路的两年中，石城各区模范营紧密配合县独立团战斗在博（生）、宁（化）、石（城）、广（昌）、建（宁）等县边区，基本消灭了这一地区的大刀会、"靖卫团"，保障了苏维埃政府的巩固和人民生命财产的安全。

为表彰珠江区模范营在围歼大刀会、"靖卫团"的斗争中的重大战绩，石城县苏维埃政府还奖给该营一面大红旗，上书"捍卫政权"四个大字，并奖给列宁帽七十三顶。

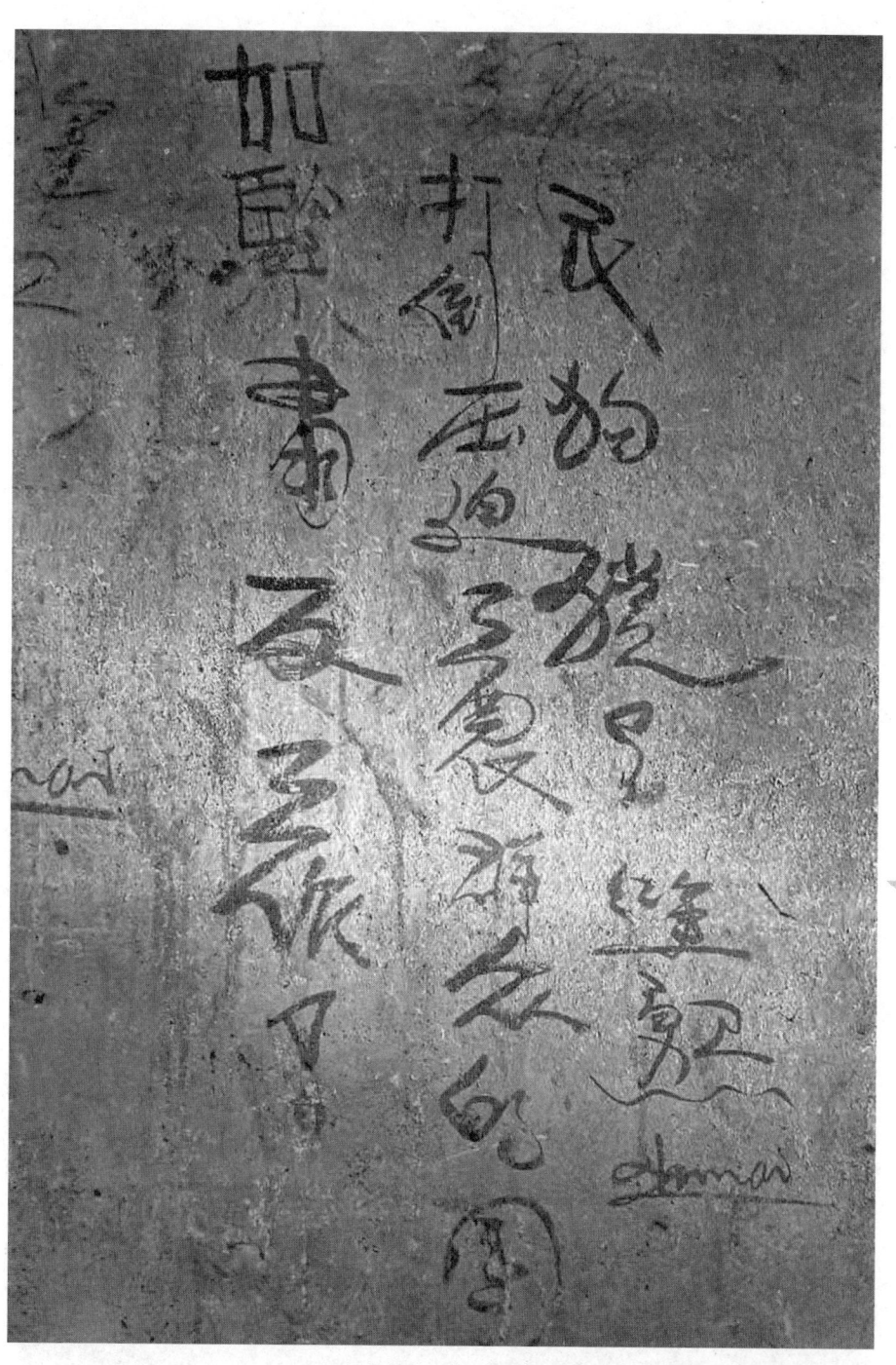

⊙加紧肃反工作！打倒压迫工农群众的国民狗！红军勇卫。
（石城县小松镇丹溪村少共国际师医院旧址）

古村红痕

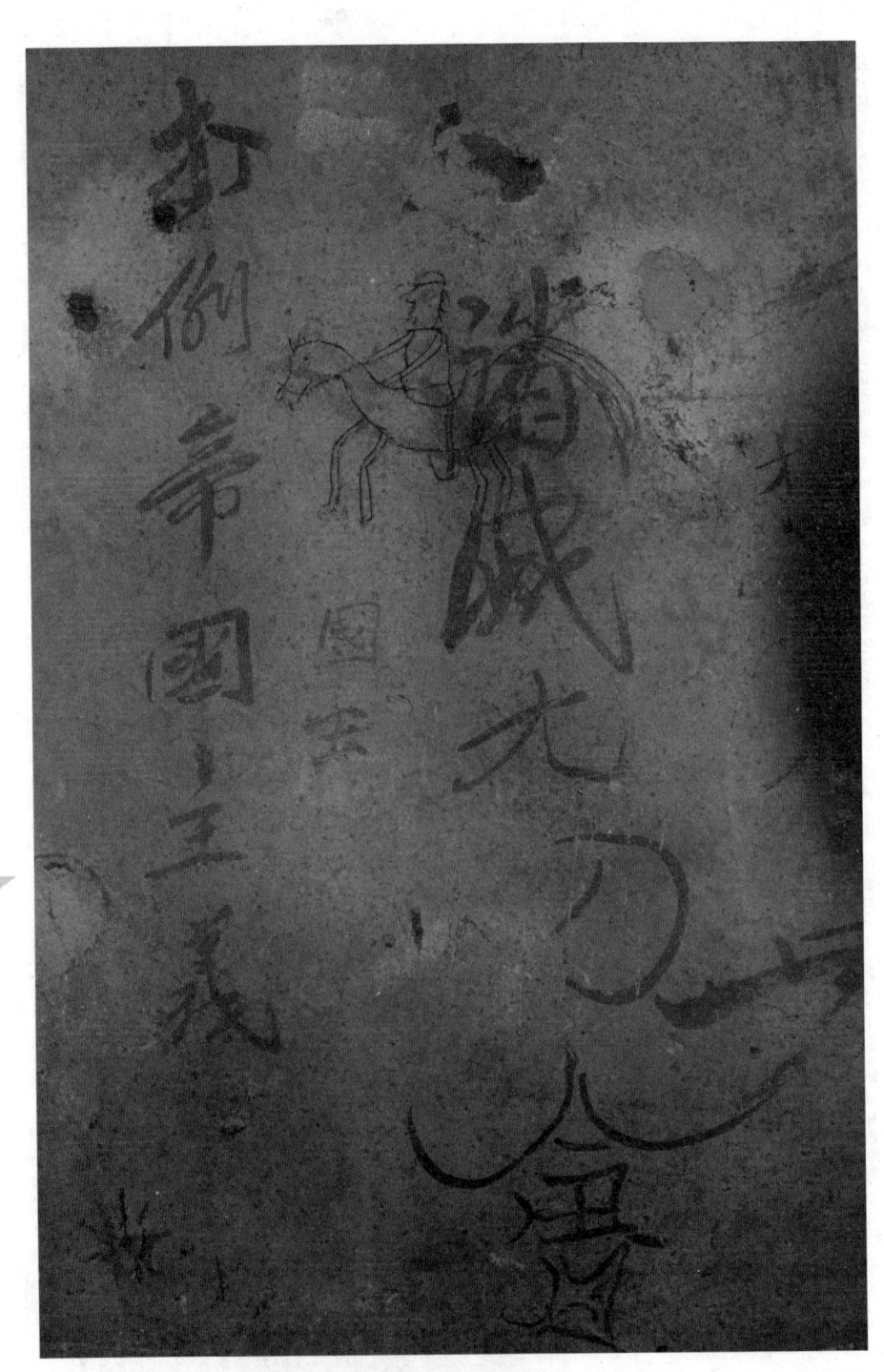

⊙消灭大刀会！打倒帝国主义！（石城县琴江镇沙垅村）

"欢迎白军士兵下级官长来当红军"

苏区数年，几乎一直处于战争状态。只要有战争就有胜败，就有阵亡与俘虏，那么，红军是怎样处理俘虏的呢？面对苏区有限的兵源和有限的军事训练，利用俘虏"反正"来增加己方力量，是最有效最简捷扩大自己力量同时减少对方有生力量的办法。所以，红军一直特别留意做好俘虏工作。

在苏区特别是红白交界的地方，红军留下了大量针对敌军的标语。在宁都起义旧址墙壁上，就留有这样的话语："优待白军俘虏。医治白军伤兵。欢迎白军士兵下级官长来当红军。宁都县苏维埃政府制。"在宁都县肖田乡红一方面军总部旧址内的木墙上，也有不少标语，其中一条是这样写的："欢迎白军士兵下级官长来当红军。"落款是"红六政保士委会六组"。

⊙宁都县小布镇："优待白军俘虏。"

古村红痕

其实，自建立中国工农红军开始，毛泽东、周恩来、朱德等领导人就特别强调政治工作的重要性，注意消除军队中的单纯军事观点。早在 1928 年 2 月 18 日，毛泽东在宁冈县召开的军民大会上，就宣布了工农革命军的俘虏政策："不打骂俘虏，受伤者给予治疗，愿留的收编入伍，要走的发给路费。"其后，毛泽东在 1929 年 12 月为红四军党的代表大会写的《关于纠正党内的错误思想》一文中，专门点明单纯军事观点的一个要害是"政治水平低"，"不认识军队中政治领导的作用"。他清楚地告诉人们：红军和白军根本的不同点，就在于红军把党的政治工作放在极端重要的位置。而政治工作，既包括红军内部工作、红军与地方工作，也包括对待敌军俘虏工作。

开国上将萧克回忆说："对俘虏，我们有一贯的政策。就是多做宣传工作，合则留，不合则去，一定发三块现洋的路费。那时，我们自己顶多一个月发一块钱，或者只发五角。我们自己少用点儿，

⊙宁都县城"宁都起义旧址"："优待白军俘虏。医治白军伤兵。欢迎白军士兵下级官长来当红军。宁都县苏维埃政府制。"（曾晨英摄）

可是对俘虏官兵是优待的,这对国民党军队起了很好的宣传瓦解作用。"

当然,钱只是一方面。1929年古田会议的红四军第九次代表大会决议案还专门提到对白军士兵及下级官长的宣传非常之重要,宣传要注意方式方法:

1. 宣传文字要简单,使他们顷刻间能看完;要精警,使他们一看起一个印象。2. 除有计划的在敌人经过道路两旁多写切实某现实部队的标语之外,还要将宣传品存储于沿途党部及群众机关中,俟敌军经过时,巧妙地传达给他们。3. 从俘虏官兵中及邮件检查中,调查敌方官兵的姓名及所属部队番号,邮寄宣传品去,或写信给他们。4. 优待敌方俘虏兵,是对敌宣传的极有效的方法。优待俘虏兵的方法:第一是不搜他们身上的钱和一切物件,过去红军搜检俘虏兵财物的行为,要坚决的废掉。第二是要以极大的热情欢迎俘虏兵,使他们感到精神上的欢乐,反对给俘虏兵以任何言语上的或行动上的侮辱。第三是给俘虏兵以和老兵一样的物资上的平等待遇。第四是不愿留的,在经过宣传之后,发给路费,放他们回去,使他们在白军中散布红军的影响,反对只贪兵多,把不愿留的分子勉强留下来。以上各项,对于俘虏过来的官长,除特殊情况外,完全适用。5. 医治敌方伤兵,亦是对敌军宣传的极有效方法。对于敌方伤兵的医治和发钱,要完全和红军伤兵一样。并且要利用一切可能的条件,把上好了药发给了钱的伤兵,送返敌军。对待敌人受伤官长亦然。

除了大型战役,不然,一般来说军队的指挥部总是相对靠后。因此一般俘虏多是中下级兵佐,大多数都是穷人出身,甚至是抓壮丁来的,对没有受过多少教育的他们来说,当红军和当白军并没有太大的区别。因此,红军不但通过各种方式提前宣传红军政策,优待俘虏兵,还有专门的俘虏教育。

古田会议的决议案提出,要对新兵和俘虏兵进行特别教育:

1. 把红军生活如官兵生活平等(官兵之间只有职务的分别,没有阶级的分别,官长不是剥削阶级,士兵不是被剥削阶级);三大

古村红痕

⊙宁都县肖田乡红一方面军总部旧址:"欢迎白军士兵下级官长来当红军。""红六政保士委会六组"(曾晨英摄)

纪律及其理由；士兵会的意义和作用；红军中的经济制度（经济的来源、管理经济的组织，经济公开主义及士兵审查制度）；经济委员会管理大队伙食和分伙食尾数；废止肉刑辱骂；优待俘虏等项，讲给新兵们俘虏们听。

2. 讲述红军斗争略史。

3. 讲解红军的宗旨：红军与白军所以不同，此点对俘虏兵要详细讲；红军与土匪所以不同；红军三大任务。

4. 讲述红军组织系统。

5. 讲解普通政治常识。如国民党与共产党；英日美三大帝国主义侵略中国；各派军阀受帝国主义指挥，到处混战；分田；苏维埃；赤卫队等。

一次又一次的战斗，一批又一批的俘虏。通过教育，俘虏们明白了"红军是为穷人打天下的队伍、白军是贪官的队伍"的道理，自然会觉得不如加入穷人自己的队伍。就这样，红军在战斗中不断壮大，最终打败了800万敌军。

"不拘一格降人才"，从白军俘虏中还走出了不少解放军将军：

1928年2月，宁冈战斗中被毛泽东率领的工农革命军俘虏的谭甫仁，1955年授衔为中将；

1930年12月，红军第一次反"围剿"战役中俘虏的王诤，是我国通信事业的开山鼻祖之一，1955年授衔为中将；

1936年，直罗镇一战举枪当了红军俘虏的崔日发（崔建功），多年之后，率部在抗美援朝上甘岭一战成名，1955年授衔为少将；

1948年，辽沈战役中俘虏的徐惠滋，后来加入中国人民解放军，历任副总参谋长、军事科学院院长等职，1994年被授予上将军衔。

……

古村红痕

"加紧查田运动肃清豪绅"

生于20世纪70年代的我们小时候经常要填表，表里有一栏，叫作家庭成分（有时候也写作成份）。问老师怎么填，老师说这个就是填自己家里的阶级成分……不问不知道，问了更不明白：成分还有阶级？让我们这些学生一脸懵懂。后来，多读了几年书才知道，原来这是一条贯穿了中国20世纪的革命主线——中国民主革命的结果。中国民主革命的中心问题，是农民问题。而农民问题的中心，则是土地问题。土地，决定了阶级成分。

1930年5月，毛泽东在江西省寻邬县（今寻乌县）进行农村经济调查，从而有了著名的《寻乌调查》。毛泽东在书中指出，占全县人口百分之几的地主占有大量的土地。地主中有大中小地主和"公共地主"之分。大地主和中地主是全县的权力中心。涉及土地问题的标语在苏区比比皆是：

在"寻乌调查"旧址上，还有依稀可辨的苏区标语："第一要打倒帝国主义，第二打倒国民党，第三就要消灭豪绅地主武装。"

走在于都宽田乡寨面村文田组，"加紧查田运动肃清豪绅"的标语赫然在目。

罗江乡新屋村里，有"……反对地主剥削贫农……"的巨型标语和漫画。

不远处的禾丰镇尧口村土围组，则有"雇农组织雇农工会，贫农组织贫农会……富农是土豪的朋友"等系列标语。

标语就是政策。在《中国共产党土地政策演变史》一书的前言中，有这样的一段话：

土地问题的中心是土地没收与分配的政策问题。土地没收与分配的政策，涉及对地主的土地如何没收，没收后分配给谁，分配后土地所有权归谁，用什么方法分配，应以什么标准划分地主、富农、富裕中农、中农、贫农、雇农的成分，应如何区别对待富农与地主、富农与富裕中农等一系列的问题。

在这一连串的问题与名词中，就隐藏着我们填表需要的这些"成分"的名称。

地主、富农、富裕中农、中农、贫农、雇农的成分又是怎么确定的呢？

大多数人印象中的"地主"，都源自文艺作品，如《收租院》中的刘文彩、《高玉宝》中的周扒皮、《白毛女》中的黄世仁。但是，具体到实际中，各地的地主的土地来源不一、所作所为不同、社会影响也各异，无法用一个完全统一的标准来衡量。1933年10月，毛泽东在《怎样分析农村阶级》一文对各个成分做过界定：一般来说，地主一般指具备相对多的土地作为资本的人，他们一般自己不劳动，靠地息收入为生。富农拥有一定土地，自己也参与耕种，此外还有一部分土地因自己忙不过来而雇工耕作，当雇工耕作的数量和比例达到一定程度，就会被划为富农。中农是介于贫农和富农之间的农民，一般占有土地，拥有一部分牲畜和劳动工具，生活来源靠自己劳动，一般不剥削他人，也不出卖劳动力受人剥削。贫农是指只有较少土地（约为中农土地的一半或一半不到），部分或大部分租用其他土地所有者的土地耕作，并交纳地租的农民。雇农是旧社会农村中的长工、月工、零工等，他们没有或只有极少量的土地和生产工具，主要依靠出卖劳动力为生，属于农村中的无产阶级，是农村中最穷最受压迫剥削的阶层。这时候，还只有"贫雇农"的说法，"贫下中农"这个词，则要到1955年7月毛泽东主席在《关于农业合作化问题》一文中才出现。"下中农"包括"新中农中间的下中农"和"老中农中间的下中农"。

古村红痕

⊙只有彻底退租才能贫民□□（石城县横江镇张坑村新屋里）

作为一个政党，从北伐以后，共产党就一直在探索土地革命的政策。"土地革命"，一般就是指第二次国内革命战争时期，中国共产党在革命根据地开展打地主、分田地、废除封建剥削和债务，满足农民土地要求的革命。

1927年8月7日，中共中央召开紧急会议（八七会议），作出了关于实行土地革命的决定。1928年6、7月召开的中共六大通过的《土地问题决议案》规定："无代价的立即没收豪绅地主阶级的土地财产，没收的土地归农民代表会议苏维埃所有，分配给无地、少地的农民使用。"然而，自大革命失败至井冈山革命根据地建立之前的这段时期内，中共领导的农民运动处于低谷，各项土地政策主张只能酝酿，无法具体实施。

井冈山革命根据地建立起来后，党才领导根据地人民深入开展了打土豪分田地的土地革命斗争。此后，土地革命路线的形成，依然还有一个漫长的发展过程：

1928年底，湘赣边区政府根据井冈山地区土地革命的实践经验，制定了我党历史上第一个土地法：《井冈山土地法》。该法是在革命斗争开始不久制定的，规定：一是没收一切土地，而不是没收公共的土地和地主土地进行分配；二是土地所有权属政府，而不是属农民自己，农民只有使用权；三是禁止土地买卖。它的颁布和实施，改变了几千年来地主剥削农民的封建土地关系，从法律上保障了农民对土地的合法权益。

1929年1月中旬，红四军从井冈山向赣南闽西进军。1929年2月3日中共中央发出第28号中央通告，指出："土地斗争的主要方式是没收地主阶级的土地而不是没收一切土地。"这是对《井冈山土地法》的初步修正。

1929年4月，随着工农红军和农村革命根据地的建立和发展，土地革命也日益广泛和深入地开展起来。在总结赣南土地斗争经验的基础上，毛泽东主持制定了《兴国县土地法》，将《井冈山土地法》中规定的"没收一切土地"改为"没收一切公共土地及地主阶级的土地"。这是一个原则的改正。

古村红痕

1929年7月,闽西"一大"《土地决议案》在没收对象的政策方面,更加有利于革命根据地的建设,既给了地主以生路,团结了中农和富农,又对他们进行了限制,最大限度地团结了各种力量。

1930年2月,毛泽东召开了红四军前委、赣西、赣南特委,红五军、六军两军委联席会议,即著名的"二七会议"。会议强调平分土地是当务之急。毛泽东作了一要"分",二要"快"的两个字的结论,批评了当时出现的一种主张按耕地作为分配土地的标准及迟迟不分田的右倾错误。

1930年底到1931年初,随着各革命根据地土地革命的普遍开展,不仅没收和分配土地的对象和具体办法比以前明确多了,而且长期没有解决的土地所有权问题得到了解决——1931年春,毛泽东总结土地革命的经验,制定出一条完整的土地革命路线。那就是依靠贫农、雇农,联合中农,限制富农,保护中小工商业者,消灭地主阶级,变封建半封建的土地所有制为农民的土地所有制。这条路线,调动了一切反封建的因素,保证了土地革命的胜利。

1931年11月7日至20日,中华工农兵苏维埃第一次全国代表大会在江西瑞金召开。大会正式通过了《中华苏维埃共和国土地法》,规定无代价没收地主、军阀、官僚的土地,经过苏维埃由贫农与中农实行分配。

⊙于都县宽田乡寨面村文田组:"加紧查田运动,肃清豪绅"(肖军摄)

此后直到新中国成立前，党的土地政策在不同时间、不同苏区范围内，还有着大量的不同表现和处理方式。但有两点是相同的，一是查田，二是判断成分。

一般来说，为了保证土地革命的顺利进行，各级都建立了土地委员会来分田。委员会通过调查土地和人口，划分阶级，然后发动群众清理地主财产，焚毁田契、债约和账簿，把牲畜、房屋分给贫雇家，现金和金银器交公。对土地进行丈量、分配，公开宣布分配方案，插标定界，标签上写明田主、丘名、地名和面积。土地革命使广大贫雇农政治上翻了身，经济上分到土地，生活上得到保证。为了保卫胜利果实，他们当然更加积极参军参战，努力发展生产。

新中国成立后，成分一词依旧保留下来。我们在填表的时候，班上很多同学都担心，按照老师说的，大家的自己个人成分都是学生。那么家庭成分呢？自己家是不是地主？会不会被同学批斗？要不要分田给别人？回到家里赶紧问父亲，才知道，我们那个小山村，几乎大家都是"下中农"，属于贫下中农的范畴。再说了，这时候已经改革开放，分田到户了，哪里还有什么地主……

最后，再附上一条"中国红军三集团军三师九团机枪连"书写的位于会昌县富城乡的长篇苏区标语：

中国共产党土地政纲

（一）推翻豪绅地主官僚的政权，解除反革命武装去武装农民，建立农村中的农民代表会议政权。

（二）无代价的立即没收豪绅地主阶级的财产、土地。没收的土地归农民代表会议（苏维埃）处理。分配给无地、少地的农民使用。

（三）祠堂庙宇的地产及其他公产、官荒或无主的荒地及沙田，都归农民代表会议处理。并分配给农民使用。

（四）各省、区国家土地中的一部分，留作苏维埃政府垦殖之用，分配给工农军的士兵，供经济上的使用。

（五）宣布一切高利贷的借约概作无效。

（六）销毁豪绅政府一切田契及其他一切剥削农民的契约（书面

和口头的完全在内)。

(七)取消一切由军阀及地方衙门所颁布的捐税,取消包办税剥削,取消厘金,设立单一农业经济累进税。

甲．办理土地工程;乙．改良扩充水利;丙．御防天灾;丁．国家办理移民事业;戊．国家由农业银行及信用合作社经手办理低利借贷;己．统一币制,统一度量衡;庚．一切森林、河道归苏维埃政府经手管理。

顺便补充一个疑问:苏区红军没有集团军这么一个说法,略微有点接近的是曾经活跃在寻乌一带的独立三师,程子华、萧克、李井泉、宋时轮等开国元勋们都在这支部队战斗过,会不会是这支部队拉起的旗号?同时,这支部队的影响力有没有到达会昌县的富城?

⊙于都县罗江乡新屋村:"反对帝国主义瓜分中国反对土豪劣绅压迫农民剥削穷人反对资本家压迫工人反对地主剥削贫农反对军阀压迫士兵废除一切苛捐杂税实行增加工资减少工作时间实行男女平权"(肖军摄)

会昌县富城乡沣塘村:《中国共产党土地政纲》(鲁树强摄)

古村红痕

⊙反对预征钱粮！（赣江源镇 泮别村）

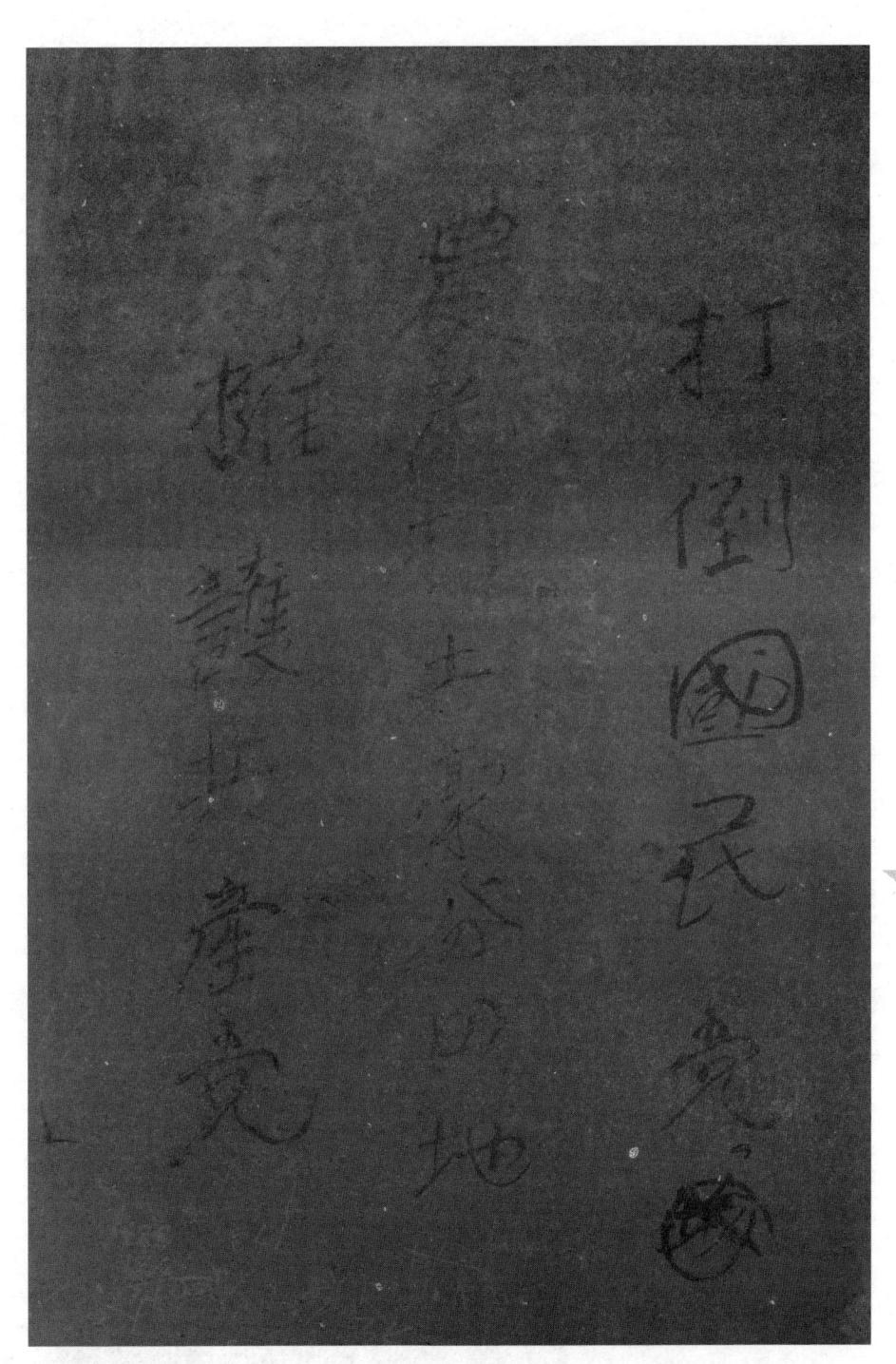

● 打倒国民党！农民打土豪分田地！拥护共产党！
（石城县小松镇丹溪村少共国际师医院旧址）

古村红痕

"反对预征钱粮"

石城县位于赣南闽西交会处，是客家民系的发祥地，客家建筑文化一向发达，因此，石城的大宅子老房子也特别多。这些房子大多数都是地主所有，红军未到，地主往往已经闻风而逃。于是，这些曾经的富贵人家便成了红军的临时住所。按照红军的惯例，不管住多久，总要留下些口号标语，这样，既可以宣传教育群众，又可以威慑警告地主。

在石城县赣江源镇泮别村的一座老房子里，我们看到了目前石城唯一一条落款为苏维埃政权的标语："反对预征钱粮（泮田苏维埃政府）"。泮田是泮别村的一部分，泮田苏维埃政府则是苏区时期的一个村级苏维埃政权。

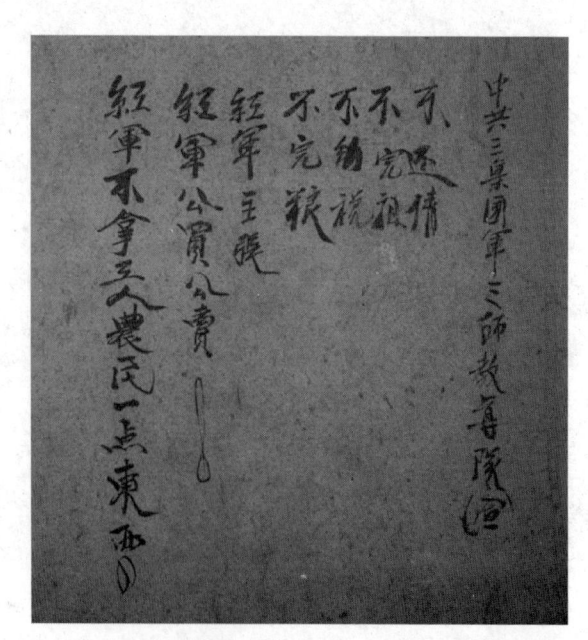

⊙南康区隆木乡隆木："红军不拿工人农民一点东西红军公买公卖红军主张不完粮不纳税不完租不还债"，中共三集团军三师教导队（宣）（谭昊摄）

我父亲曾经在某一年以很舒坦的神情告诉我，经过这几年的省吃俭用，这回是"上不欠官粮，下不欠民钱"了。毕竟，老百姓都明白，征税交粮是千年来中国社会中的一个常识。只要活着，就要完税。

然而，有钱粮就会产生利益，有利益就会争取，这是人的本性决定的。于是，官府总是千方百计想提前收足税费，而作为农民，总是希望拖延缓交乃至于免交。忘记是在以前的教科书还是老新闻里，曾经看到民国军阀混战时候，四川某地曾经出现过提前预征几十年钱粮的事。如此看来，泮田苏维埃政府在墙壁上写下"反对预征钱粮"的时候，心中该是满怀着什么样的心情。

既然是反对，那就说明当时政权的主要力量是原先的"国民政府"。针对他们，农民的政权才会说这样的话。如果农民政权已经稳固，当然不需要说这样的话。要知道是什么时候书写的标语，就应该从建立苏维埃基层政权的时间考证。那么，洋地包括泮田的苏维埃政权是什么时候建立起来的呢？

据《洋地公社志》1985油印本版记载：1929年秋，红军第四军十二师三十五团从瑞金沿江进驻三坑近半年，协助地方组织游击队。1930年6月27日，红十二军西进途中占领石城县城，成立石城县革命委员会。1930年8月20日，红四军十二师进入桃花礤，此时洋地各地均成立了游击队。当时主要是发展武装力量，以武装夺取政权为宗旨，也就是说，在此之前，都是游击队代替本地的行政机构。或许是更为临近瑞金的原因，1930年9月，已经成立了苏维埃桃花区临时政府。设区后，区乡村便为苏维埃政府正式的基层行政单位。不过，在桃花区13个乡的名字中，并没有泮田乡这个名称。从地域看，泮田一带应属于吉水乡。泮田或许是乡下面的村级政权。此后，1931年2月26日，红十二军三十四师占领石城县城，帮助成立石城县委，并恢复石城县革命委员会。革命力量逐渐延伸到普通的村一级。1931年10月，红四军再次解放石城，在全县设立14区111乡（其中洋地片8乡），1933年8月，成立太雷县，设立5区44乡（洋地片8乡），均无泮田乡这一说法，也可以证明泮田当是村一级政权。

从上述资料可以看到，这些标语，最大的可能是洋地一带成立游击队后，或成立村级苏维埃政府之后，即1929年秋到1931年10月前，苏维埃政府或游击队以苏维埃政府名义发出的宣传口号。

说到征钱粮，在南康市隆木乡隆木村的龙车亼有这样的标语："红军不拿工人农民一点东西，红军公买公卖，红军主张不完粮、不纳税、不完租、不还债"——当然，这"债"指的应该是针对地主的租债。战争时期，红军并不实行屯田制，在经济紧张、粮食紧缺的时候，从《红色中华》及其他史料的记载看，红军即使在恨不得把一粒稻子掰成两半吃的时候，也只是通过募捐、借款方式"开源"，通过节省粮食来"节流"，而没有预征其后几年的钱粮：

1933年6月4日，中央政府向瑞金、会昌、博生、石城四县群众发出公开信，要求四县群众在6月底前节省5万担谷子卖给红军，其中石城1万担。

1933年7月22日，中执委发布《关于发行经济建设公债的决议》，决定发行经济建设公债300万元。

1934年2月26日，由于收集粮食突击运动进展缓慢，中央人民委员会又作出《关于粮食突击运动的决定》，要求在3月15日以前继续开展粮食突击运动。至3月10日统计，全苏区共收到谷子19.8万担，现款64.8万元。其中，石城完成了计划，太雷县即将完成计划。

1934年4月19日，中央人民委员会为节省运动发出指示信，号召全苏区干部群众和红军指战员，每人节省3升米（大约2.25千克）支援革命战争，以克服粮食困难，粉碎敌人五次"围剿"。

1934年6月2日，中共中央委员会、中央人民委员会为紧急动员24万担粮食供给红军，致信各级党部和苏维埃政府。到7月底，石城、太雷等县都超额完成任务。

1934年7月10日，中央土地人民委员会、红军总司令部等六个单位，为武装保护秋收致信各级土地部、粮食部、军事部、少队部和农业工会，要求各作战分区独立团、营等武装，要紧密配合边区群众，保护秋收胜利进行。根据这一指示，于都组织了11000余人，杨殷县组织了6个连队，赣县的茅店区编好81个割禾队到敌占区割禾，从敌人手中抢收回大量早稻。

1934年7月22日，为保证红军粮食供应，在借谷24万担后，中共中央和人民委员会又决定在全苏区开展60万担秋收借谷运动。到9月5日为止，全苏区共动员粮食666581担。其中，已收集470296担，太雷县、石城县的动员数都超过了计划。

苏区群众把这种苏维埃政府发行的钱币、债券甚至借谷证（票）统称为"红票"，新中国成立初期，这些借款和借粮基本上都凭票连本带息兑付了。不过，新的故事又开始了：让人始料未及的是，进入新世纪后，部分散落在民间的"红票"成了收藏家的热门收藏品，市场价远远超过了当年纸面价格。

⊙石城县赣江源镇泮别村："反对预征钱粮"，泮田苏维埃政府。

古村红痕

"白军士兵只有反水当红军才是出路"

赣县白鹭村,是一座有着千年历史的古村。村中垂杨处处,古道交错,大片大片的池塘点缀其中,青砖大屋比比皆是,鹅卵石被雨水润泽得发亮,青苔隐隐在墙角,一声不吭。

一行人来到清幽的古村,却放不下清闲。求福的去了福神庙求沾福气,研究客家文化的去了王太夫人祠,研究东河戏的去了白鹭戏台寻觅旧时印记,研究太平天国的想去四逸堂探寻。一条古巷,又一条古巷,没人知道古巷与古屋里藏着多少秘密。

钟氏宗祠的背面,是"越国世家"。钟姓与越国的关系是客家学者研究的范畴,我感兴趣的是两边照壁上鲜红的红军标语,一边是:

"白军士兵只有反水当红军才是出路。"

"优待反水白军官兵。"

⊙赣县区白鹭乡白鹭:"白军弟兄们要想□家就要投降红军才有盘缠发给。""赣县六区政府"。

另一边是：

"白军弟兄们要想□家就要投降红军才有盘缠发给。"

落款为"赣县六区政府"。

果然，古村里看到的红军标语，居然古味也十足，在苏区时候使用频率非常高的"反水"一词，是有典故的：

春秋末期，作为中原霸主的晋国，国君权力日渐衰落，实权由六家大夫（韩、赵、魏、智、范、中行）把持。这六家大夫各有各的地盘和武装，互相攻打。后来有两家（范、中行）被打败，剩下智家、赵家、韩家、魏家，这四家中又以智家的势力最大。在周贞定王十四年（前455年），晋国内部四大家族智伯、赵襄子、韩康子、魏桓子之间发生一场历时两年左右的战争。起初是智氏联合韩氏、魏氏一起攻打赵氏，智、韩、魏以水灌晋阳。眼看晋阳城即将被淹没的时候，赵氏派谋臣策反韩、魏两家。结果韩、魏两家以水倒灌智氏军营，和赵氏联合共同攻灭智伯，瓜分其领地。最终三家瓜分晋国，史称"三家分晋"。从此以后有了战国七雄中的"韩赵魏"，而"反水"也就有了倒戈、改换立场的意义。

"白军士兵只有反水当红军才是出路。""白军弟兄们要想回家就要投降红军才有盘缠发给。"从两条标语的词义看，"反水"和"投降"是两码事。至于"起义"，更是另外一回事。

⊙赣县区白鹭乡白鹭："白军士兵只有反水当红军才是出路。""优待反水白军官兵。"

古村红痕

"反水"在这里应该是一个中性词,没有明显的贬义,就是从原来的阵营倒戈。比如,红军北上后,时任江西省苏维埃政府裁判部部长的江善忠在游击战弹尽粮绝后,用鲜血在衬衣上写下"死到阴间不反水,保护共产党万万年"的遗言英勇跳崖。从这里看,红军也会用"反水"这个词。不过,"反水"一般都带着武器对原来的阵营反戈一击,明显对原来的阵营有影响和伤害,甚至可能扭转战局。所以,标语里说"反水当红军才是出路"。

而虽然按照现代汉语的理解,"投降"表示向别人屈服,但"投降"在这条标语中也是一个中性词,指在战场上放下武器甚至主动投奔到对立阵营的行为。因此,标语里说,"要想回家就要投降红军才有盘缠发给",放下武器了,就可以有盘缠回家了。红军对于放下武器投降的士兵发的盘缠还不少,一般来说都是两三块银元以上。

类似的标语到处都是,如会昌县西江镇见潭村蕉坑尾一座民宅里,有这样一条标语:"白军士兵们实行掉队实行开小差投入红军来。"同样在会昌县,周田镇岗脑村石坝圩张屋的一座民宅里是这样一句:"反对开小差。""开小差"的意思比较有趣,一般指军人私自脱离队伍逃跑。看来,这里两条标语指向的对象不同,"白军士兵们实行掉队实行开小差投入红军来"是针对敌军的宣传,而"反对开小差"是针对我们自己的战士的教育。以至于苏区时候有一首歌曲《开小差歌》,专门用来宣传红军战士不能开小差:"开小差的士兵,无缘无故回家庭,原来是工作,不要怕死生,父母妻子有优待,家里田地有人耕,快快归队当红军,粉碎敌人大肆进攻。"不过,在当时的战争情况下,没有人能够预料到十几年后红军就能取得争夺天下的胜利,因此,无论是红军还是白军,小范围地"开小差"都是不可避免的。只是作为红军,当然还是希望对方开小差

⊙会昌县周田镇岗脑村石坝圩张屋:"反对开小差"(刘小海摄)

的越来越多,而己方这种现象越来越少甚至是无。

至于"起义"就不同了,"起义"指进步革命的公开武装行动,明显是一个褒义词。一般来说是指人民为反抗反动统治而举行的武装暴动。作为战争进行中的"起义"。则是指反动集团中的武装力量背叛所属的集团并投奔进步队伍。从这个角度说,"反水"和"起义"的褒贬略有不同,但事件的行为更为接近。事实上,在农村口语中,直到现在,还有很多人分不清"反水"和"起义"。

难怪,在红军数次反"围剿"的战斗中,有着大量的宣传白军投降、反水来当红军的标语。而且,这些标语起到了相当重要的作用。从秋收起义到红军长征,几乎每一次战斗,都有大量的白军士兵在战场上投降。"投降"自不用说,几次反"围剿"中,谭道源、公秉藩、韩德勤、李明、陈时骥等都先后投降,只是有的混在俘虏群中又逃脱了。"起义"中最典型的如宁都起义,虽然说这次起义有一定的特殊性,如该军历来有共产党员活动,受共产党思想影响较深,该军当时的几位主要军官思想倾向接近等。除了宁都起义,名列我军36位军事家之一、被人们称为"奴隶将军"的罗炳辉也曾经在江西吉安率领一支国民党地方武装部队吉安县靖卫大队(也称"八市联防总队")举行起义,选择加入共产党领导的工农红军。至于其他更小型的类似起义事件就不胜枚举了。

这些起义能得到广大士兵的支持,与当时红军的大量宣传当然是分不开的。白军进入苏区后,所到之处,到处都是红军标语,耳濡目染,且句句话都说到了白军士兵的心坎上,一旦机会成熟,自然要不反水,要不投降,要不开小差,要不就起义,毕竟,"当兵就要当红军!"

⊙会昌县西江镇见潭村蕉坑尾:"白军士兵们实行掉队实行开小差投入红军来。"(刘小海摄)

古村红痕

"欢迎"靖卫团"来当红军"

在石城县屏山镇水尾的一座老房子里，无意间瞥见一条标语："欢迎'靖卫团'来当红军"。标语很有意思。此外，屏山镇河东村红石寨下一座老屋里有标语"消灭地主武装""优待白军俘虏兵"，高田镇郑里村王柏洋小组还有标语"保护分田胜利就要肃清大刀会保卫团（红军ⅠⅠⅠⅠ）"。如果把这几条标语联系起来看，就更有意思了。

八十年过去，已经很少有人知道"靖卫团"是个什么样的组织，

⊙石城县屏山镇河东："消灭地主武装""优待白军俘虏兵"

更不知道这样一个组织曾经让苏区时候的石城增加了多少痛苦和磨难。

从字面上来理解,"靖"是平定、安抚的意思,"卫"是保护、保卫的意思。那么也就是说,"靖卫团"就是守护、保卫某人或者某地的组织,相当于地方民兵或者民众自卫队。

其实,团练、民团、"靖卫团"作为地方军事组织,在历史上出现由来已久,性质也差不多。乡兵团练的出现,大多是在社会动荡时期,政府正常的统治机构力量受到削弱,或政府统治、保护地方的力量崩溃之时,民间自发兴起的。就其实质、性质而言,基本都是得到官方认可的民间自保的准军事组织。

从宋明到清初,乃至太平天国时期,石城乃至江南各地,都有大量的民间军事组织如"团练"兴起,其后,又随着农民起义的失败和政权的巩固、社会逐渐稳定而慢慢消失。辛亥革命前后,社会动荡,民团又兴。尤其是"八一"南昌起义后,面对红军针对地主的"打土豪分田地"政策和社会动乱,江西各地更是大量兴起地方士绅牵头组织的各种武装,如"靖卫团""保卫团""挨户团"等。这些准军事武装既用于对付真正的流寇土匪,也反抗共产党游击队和红军,于是经常被白军利用为牵制红军的重要力量。对于这些反动地方武装,红军当然要予以打击,这是巩固红色政权的必要措施。在红军游击队和正规部队的打击下,这些地主武装纷纷被各个击破。而红军非但没有被分割消灭,反而如燎原之火,愈来愈烈。

石城北部群山错错落落,间或有一两座高踞屹立可眺远,便可能有山寨。这些山寨大多建于明清鼎革之际或者前清咸丰年间,对付太平天国的冷兵器还是有一定作用的。但到了 20 世纪 30 年代,世界已经进入热兵器时代,这些乱石垒成的山寨便与纸糊的老虎没有异样。石城南部多丹霞地貌的山寨,这种地貌具有"坡陡麓缓顶平"的特征,特别适合固守。"靖卫团"遂依托这些山寨,征集兵员,用机枪守住仅有的一两条路,以顶住红军的进攻,希望红军会在几天内,最多一两个月内离开自己家乡转移到别处去。这样想法也确实实现过一两年。因为彼时红军在敌军的"围剿"下转战东西,无暇顾及身边的这些山寨土围。红军第三次反"围剿"胜利后，因蒋介石嫡系部队长期被牵扯在江西前线，敌军中各派系的矛盾开始显现，再加上"九·一八"事变和"一·二八"事变相继发生，蒋介石的军事重点北移以应对日本的军事行动，在江西对红军转入守势。此时，红军终于可以腾出手脚来对付这些据守在苏区内部的"靖卫团"等地方武装。

对付敌方武装，红军历来都有两手办法，一是武力消灭坚决镇压，一是政治宣传兵不血刃。而且，一般都是"两手抓两手硬"。前者自不用多说，这里单说政治宣传。

1929年12月古田会议上，毛泽东起草著名的古田会议决议的第一部分《关于纠正党内的错误思想》，提出从政治上思想上改造革命军队中的流氓土匪成分和各种非无产阶级思想。那是当时中共和红军建设的重要纲领，对于改造土匪、流氓、会党具有十分重要的意义。决议案中，还提到：

"优待敌方俘虏兵，是对敌军宣传极有效方法。优待俘虏兵的方法：

第一，是不搜查他们身上的钱和一切物件，过去红军的士兵搜查俘虏兵的财物的行为要坚决的废掉。

第二，是要以极大的热情来欢迎俘虏兵，使他们感觉到精神上的欢乐，反对予俘虏兵以任何言语上的或行动上的侮辱。

第三，是给俘虏兵以和老兵一样的物质上的平等待遇。

第四，是不愿留的，在经过宣传之后，发给路费放他们回去，使他们在白军中散布红军的影响，反对只贪兵多把不愿留的分子勉强地留下来。以上各项，对俘虏过来的官长，除特殊情况下（均）适用。"

1930年3月25日闽西第一次工农兵代表大会提出：

"土匪官兵……觉悟归来时，与士兵一样待遇。集团土匪要求

⊙石城县屏山镇水尾："欢迎靖卫团来当红军"。

收编者,要有革命事实表现,如打土豪、枪毙反动等,始得予以收编。集团土匪收编后,应遵守红军纪律,听从政府指挥。集团土匪收编后,由政府派政治军事人才指导其工作。帮助土豪打工农的土匪,政府应解除其武装,惩办其首领,但对士兵仍一样优待。"

也就是说,根据红军当时的政策,"靖卫团"的团丁是可以经过教育后加入红军的,不过,军官就很可能要接受惩罚了。

引用一段当时的新闻报道作为结尾,新闻中的"李家寨、陈坊寨、红石寨"都在今石城县屏山镇境内。新闻源于苏区中央机关报《红色中华》(1932年1月6日)二版:

石城红石寨攻下
土豪全数活捉靖匪全部消灭
　无线电二日专电:红军四军于攻破李家寨、陈坊寨后,即于今年元旦又将最大土围红石寨攻下。土豪全数活捉,靖匪全部缴械。石城团匪从此完全肃清。

古村红痕

"拥护苏维埃中央政府"

在会昌县庄埠乡庄埠村的胡屋,有一条落款为"红军三集团军二师政治部交□排"的红军标语:"拥护苏维埃中央政府"。在上犹县营前,其中有一条落款为"中共上犹中心县委制"的标语也是这样写的:"建立全国苏维埃根据地。"

这两条标语比较有意思的是两点,一是落款的"红军三集团军二师政治部"这支部队难以考证,字体也有特色。二是上犹县的一系列标语均为石刻,让人震撼。不过,这篇文章想说的不是说这些,而是"苏维埃"这个曾经红遍全国的名词。

苏区时期,中国红色政权的组织形式,近似于苏联的苏维埃政权。"苏维埃"本是俄文音译词,起源于1905年俄国革命,意思是由罢工工人组成罢工委员会而组织起来的代表会议。在当时,这是一种工人和士兵的直接民主形式,其代表可以随时选举并随时更换,暗含着巴黎公社式的政权形式。十月革命以后,苏维埃成为俄国新型的政权的标志,城市和乡村的最基本生产单位都有苏维埃。

⊙"一苏大"会场旧址

中华苏维埃共和国政府的成立，就是中共中央根据当时革命斗争形势发展的客观需要和现实可能性作出的重大决策。从1927年10月毛泽东率领秋收起义部队创建井冈山根据地开始，到1931年秋，短短的4年时间里，全国已经有了10多块"工农武装割据"的农村革命根据地，但各根据地和红军的斗争活动基本上是各自为政，迫切需要建立一个全国性的政权和统一指挥的军事力量。

随着毛泽东、朱德领导红一方面军连续取得第一、第二、第三次反"围剿"战争的胜利，赣南、闽西两块革命根据地连成一片，形成以瑞金为中心的拥有21座县城、5万平方公里面积、250万人口的全国最大的根据地——中央革命根据地，为建立苏维埃共和国奠定了坚实的基础。

1930年2月4日，中共中央发出关于召集全国苏维埃区域代表大会的通告，提出建立全国苏维埃中央政权以统一领导全国各地苏维埃区域斗争的构想。5月中旬，中共中央在上海秘密召开了第一次全国苏维埃区域代表会议和全国红军代表会议。9月中旬，在上海正式成立了全国苏维埃代表大会中央准备委员会，并召开第一次全体会议。会议讨论决定了第一次苏维埃全国代表大会代表选举条例，以及准备提交大会的宪法大纲、劳动法、土地法、经济政策和关于红军问题决议案等草案，决定把"一苏大"的会址放在红一方

⊙会昌县庄埠乡庄埠村胡屋："拥护苏维埃中央政府"（曹树强摄）

面军活动的江西苏区。1931年1月，中共苏区中央局在江西省宁都县小布乡成立，为中华苏维埃共和国的成立承担起选举与会代表、酝酿确定苏维埃中央政府组成人员名单、起草文件、制定法规、确定具体会址和会期等筹备工作。2月，中央政治局召开会议，决定毛泽东为中华苏维埃共和国临时中央政府主席候选人，并报告共产国际，得到批准。6月，苏区中央局决定11月7日召开"一苏大"会议，10月，得到中央批准。经过长达1年零9个月的筹备工作。1931年11月7日，中华苏维埃共和国临时中央政府在江西中央苏区成立，会议选举毛泽东为主席，定都于瑞金，以中国工农红军作为国家的武装力量。随后，中央执行委员会于12月1日发布第一号《布告》，正式宣布中华苏维埃共和国成立。从此直至1934年10月，中央苏区第五次反"围剿"失败，苏区政府被迫放弃中央革命根据地，随中央红军主力长征。

　　因为力量原因，当时的苏区大多数都在两省或者多省的交界处，因此，中华苏维埃共和国所管辖的区域与我们现在一般理解的有不同，先后下辖江西省、闽赣省、粤赣省、福建省、赣南省、湘赣省、湖南省、湘鄂赣省、赣东北省、闽浙赣省、鄂豫边省、湘鄂川黔省、鄂豫皖省、湘鄂西省、川陕省等，另有瑞京县、西江县、长胜县、太雷县等直辖县。

　　作为一个新的政权，苏维埃共和国的成立产生了不少故事。

　　从长汀到瑞金，红都易地。由于已决定"一苏"大会在中央苏区召开，苏区中央局便负责筹备这次大会。按照原计划，毛泽东、朱德率红军主力东进闽西，休整补充，并筹备在福建长汀举行"一苏"大会，以长汀为中心建立中华苏维埃共和国。但当毛泽东、朱德到达瑞金叶坪后，通过对瑞金政治、经济和自然条件进行综合分析，认为江西瑞金比福建长汀更适合建都，便对原定部署作出调整，决定红军主力不再全部东移福建，而是留驻赣南诸县，红军总部也不再移驻长汀，红军主力则分布于石城、长汀、于都、会昌四县开展工作。

　　防空袭，长汀有个假会场。得到消息后，白军自然不会放过这

么好的一个"集中歼灭"的机会。此时的红军装备简陋，没有空军，也谈不上防空、制空。因此，阅兵典礼安排在11月7日早晨举行，群众庆祝集会则安排在晚上举行。此外，红军不但在瑞金设置了真会场，还在长汀搭建了一个假会场。结果，在瑞金这边举行庆祝大会的时候，十几架白军飞机飞临长汀我方预先布置好的假会场上空，投弹百余枚，炸毁房舍百余间，炸死群众数十人，但真正的会场叶坪却安然无恙。

作为一个新生事物，苏维埃在农村更是留下了不少的故事。

土地革命的农村，大多数人所受的教育本来就少，加上千百年来以服从为主的传统，无论对普通群众还是一般干部来说，苏维埃的意义过于生僻，有的农民根本弄不清楚"苏维埃"是怎么回事。据说南粤民众素知共产党人苏兆征，因此就把苏维埃当成苏兆征的弟弟。而湖南江西一带的农民则将苏维埃叫"埃政府"，因为当地方言"埃（现在一般写成单人旁一个厓）"就是"我"的意思。于是，"苏维埃"等于"我政府"，这种误解的背后，反映了农民特别是贫苦农民的朴素理解：苏维埃，就是共产党的政府和我们的政府。或许，这就是苏区政权能在军阀的"围剿"中生存的原因吧。

⊙上犹县营前镇："建立全国苏维埃根据地"（钟秋梓摄）

古村红痕

"保卫中央苏区！
保卫红色政权！"

"白军弟兄们，不做堡垒，马上开到北方打日本。(红军勇政宣)"

"继续东线红军伟大胜利。彻底粉碎敌五次'围剿'。准备全部出动北上抗日！红前政（宣）"

"以战争胜利来纪念'九一八'，反对国民党投降帝国主义出卖民族利益。"

这是位于石城县小松镇丹溪村许氏"秘书名宗"古祠内的部分标语。书写标语的很明显是当时的红军。这房子如今是少共国际师（红一军团第十五师）石城阻击战指挥部旧址，省级文物保护单位。"堡垒"推进是蒋介石在第五次"围剿"中的重要战略手段。戴岳在《我对蒋介石建议碉堡政策的经过》中回忆说："'堡垒政策'要求'步步为营，节节推进，层层包围，步步进逼'。其核心又是'行军所至，立建碉堡'，即部队走到哪里，碉堡就建到哪里，先巩固阵地，再稳扎稳打，依靠稠密碉堡体系，做到各堡相望，构成火网，星罗棋布，互为依托，筑堡和"清剿"齐头并进，平推向前以挤缩苏区。"

⊙宁都县翠微峰："保卫中央苏区，保卫红色政权"

○安远县塘村大屋下:"群众的游击战争胜利万岁！工农红军野战军胜利万岁！"（魏曲虎摄）

从1933年9月25日至1934年10月间，蒋介石调集约50万兵力，就是采用"堡垒政策"新战略，对中央革命根据地进行大规模"围剿"。其北路军总司令顾祝同，指挥第一、第二、第三路军，共计33个师又3个旅。整个北路军由北向南，构筑碉堡封锁线，实施对中央苏区的主攻。以陈诚任总指挥的第三路军18个师又1个补充旅为此次"围剿"的主力军，集结于南城、南丰、临川地区，寻求红军主力决战。南路军总司令陈济棠，指挥11个师又1个旅，筑碉扼守赣州南部地区，阻止红军向南机动，并逐步向北推进以配合北路军作战。西路军总司令何键所部9个师又3个旅，和浙赣闽边守军5个师又4个保安团分别"围剿"湘赣、湘鄂赣和闽浙赣苏区红军，并阻止红一方面军向赣江以西和赣东北机动。第十九路军总指挥蔡廷锴指挥6个师又2个旅，负责福建防务，并阻止红军向东机动。空军5个队配置于南昌、临川、南城，支援作战。

这时候的中央苏区，已经取得第四次反"围剿"胜利，政权更加稳固，范围扩大到30多个县，主力红军第一、第三、第五军团扩大到8万余人，地方部队和群众武装亦有很大发展。当时的临时中央领导人认为，这次反"围剿"是争取中国革命完全胜利的阶级之间的大决战。要"御敌于国门之外"，以阵地战、正规战在苏区外制敌，保守苏区每一寸土地。在宁都县的翠微峰下，至今还有一条硕大的标语："保卫中央苏区！保卫红色政权！"

虽然红军斗志高昂，高唱"亲爱英勇的红军哥，向前杀敌莫错过，我们真快乐。我们胜利是有把握，粉碎敌人的乌龟壳，我们真快乐。"但他们毕竟武器落后，训练不足。经过两个月的浴血奋战，红军还是没能打破敌人的包围圈，正规战基本宣告失利。即使在后来发生"福建事变"的形势下，红军也没能充分利用好这一机会打破敌人的包围圈。

到了这个程度，反"围剿"其实已经变成了保卫战，与前几次反"围剿"的战略战术完全不同。而敌军的进攻依然步步为营，以堡垒为战术支点不断推进。在连续作战、十分疲劳、减员很大的情况下，从1934年1月下旬开始，红军全线开展阵地防御战，采取集中对集中、堡垒对堡垒、阵地对阵地的"正规战"。红军处处设防，广筑碉堡，以阵地防御结合"短促突击"顶住敌人的进攻，以争取"保卫苏区每一寸土地"。

在《彭绍辉日记》中，将军详细地记叙了部分战斗场面："我师刚刚进入阵地，敌人即在飞机、大炮轰击下发起猛烈的攻击。部队沉着、勇敢、顽强抗击，但因工事碉堡被摧毁，数次反冲锋不成，有的干部、战士连人带枪埋在碉堡内，战斗异常紧张、激烈。敌人每次攻击总是依靠他们构筑好的阵地逐步推进。我方则短促突击不成，处于被动，只得放弃阵地，撤退。敌人又在飞机、炮火、烟幕掩护下，跟踪追击。"

1934年7月，国民党军队先后突破了红军的外围防御，直向苏区腹地扑来。高虎脑战斗失利，保卫战已经不可能成功。就在这关键时候，红军得到绝密情报，明白了蒋介石的底牌。红军只能战略转移，举世闻名的长征拉开了帷幕。

为迟滞国民党军队向中央革命根据地中心地域的进犯，保障中央领导机关和中国工农红军主力部队的安全集结与转移，9月8日，中央革命军事委员会主席朱德令彭德怀（军团长）和杨尚昆（政治委员）率领红三军团在石城北部设防阻敌以保卫瑞金。根据中革军

⊙石城县小松镇丹溪村:"白军弟兄!不做马路,马上开到北方去打日本"

⊙石城县小松镇丹溪村:"白军弟兄们!不做堡垒,马上开到北方打日本。(红军勇政宣)"

委的指示,参战的红军部队在广(昌)石(城)交界处分水坳至石城县城北部李腊石约50华里的纵深地域里,设置了三道防御地带。激烈的阻击战从1934年9月26日持续到10月6日,不仅给了进犯之敌以大量杀伤,而且有效地迟滞了敌军南犯的步伐。遵照中革军委的指示,红一军团第十五师于10月9、10两日晚从驻地出发,于16日到达于都。红三军团第四、五、六师于12日晚出发,于16日晚抵达于都县城西郊。至此,石城阻击战宣告结束。红三军团与少共国际师从石城开始战略转移,踏上漫漫长征路。

"群众的游击战争胜利万岁!工农红军野战军胜利万岁!"这是安远县塘村乡的大屋下的一条标语。书写标语的战士当然是踏上长征路的红军战士,也许他还在唱着《彻底粉碎敌人五次"围剿"》的战歌:"野战军冲破敌人的封锁线,南线的敌人溃退不像军,野战军冲破敌人的封锁线,英勇的反攻敌人制造新苏区。我们广泛发展游击战争,配合野战军,坚决保卫中央苏区,彻底粉碎敌人五次'围剿',胜利归我们。"只是他肯定不会想到,此后的长征路是多么的艰险;当然更不会想到,不到15年,红军又回来了——不过,这时候的红军已经改名叫作"中国人民解放军"。

《七根火柴》
与"中国工农红军宣传队"

紫荆山房位于石城县城所在的梅福村,这座清中期的古建筑里有不少红军标语,其中有一条是:

"打倒帝国主义和国民党的五次'围剿'!中国工农红军宣传队。"

看到宣传队,我就想起宣传员,想起红军历史上最有名而又最无名的一个普通宣传员。

说他有名,因为他是红色经典小说、教科书中课文《七根火柴》主人公的原型,他是权威党史专家提炼长征精神时的第一个对象,他是一支产生了无数战斗英雄集体的光荣部队里少见的个人英雄。说他无名,是因为他的老父母想儿子想到发狂却至死不知儿子最终下落,他的老领导、上将杨成武因为一点点读音的误会没有能够找到英雄的家属……

他就是郑金煜,一个红军宣传员。

在20世纪50年代"解放军三十年征文"革命回忆录征集过程中,《星火燎原》编辑部收到了很多老革命的回忆录,其中有杨成武将军的《毛主席指示我们过草地》,比较同期《星火燎原》《红旗飘飘》等丛书中长征老红军的回忆录,乃至于两套丛书出版之前其他人写长征草地经历的作品,长征中,作为前锋的杨成武部队处境最为困难。但在他回忆长征的文章里,他念念不忘一个普通战士贴身藏好"引火柴"的细节,终身铭记小战士临终时对革命胜利信心的每一句话。5000字的回忆中,涉及小红军郑金煜的就有2000字。

杨成武将军回忆说:

"……在这些光荣牺牲的同志中,留给我印象最深的是那个把

四根柴禾藏在贴身处的小宣传队员郑金煜。郑金煜同志是江西石城人，这个小老表，个子不高，但长得十分秀气，人也挺机灵，冲锋打仗更是不含糊，是个非常惹人喜欢的红小鬼。因为工作积极，作战勇敢，他16岁就入了党，进入草地时是团部党支部的青年委员。刚开始草地行军时，他精神抖擞，不知疲劳，柴禾拣重的背，工作拣难的做，不但行军走在前头，还抽空搞宣传，他不仅能唱几支好听的歌，而且还会讲故事，讲得有声有色。前两天，他那活泼的身影从队伍中消失了，一问，才知道他病了。我还特地去卫生队看了看他。他烧得厉害，但还让人搀扶着自己走。我嘱咐卫生队的同志好好照料他。过了1天，郑金煜同志病况恶化，已经不能走了。因为地势高，严重缺氧，引起呼吸困难，身体瘫软。但他很坚强，对同志们说：'我在政治上像块钢铁，但我的腿不管用，我要掉队了，我多么舍不得你们啊！''政治委员！'他又强睁开眼，用颤抖的声音断断续续地说：'我不行了，感谢你对我的照顾。我知道党的事业一定会胜利！革命一定会胜利！……政治委员，我确实不行了，我看不到胜利那一天了。'说到这里，他的眼泪夺眶而出，站在我身边的警卫员和饲养员也泣不成声。……我极力控制住感情，轻声地安慰道：'小郑，不要多想，我们很快就要出草地了！'他摇了

⊙《七根火柴》雕塑

古村红痕

摇头,经过一阵急喘后,他用那微弱却又是十分坚定的语调说:'政治委员,希望党的路线胜利,革命快胜利。胜利后,如果有可能,请告诉我的家里,我是为执行党的路线,为了革命的胜利牺牲的!'……可是,到了下午,郑金煜——这个年轻的优秀共产党员,就在这风雪交加的草地上,为革命献出了宝贵的生命。"

⊙《七根火柴》雕塑

著名作家王愿坚,虽未亲历苏区生活和万里长征,却创作了很多苏区和长征题材的短篇小说,其中又以曾多次入选语文教材的《七根火柴》最为著名。小说虽然以杨成武将军的回忆录为参考,但在创作中为了更好地表现红军这一伟大集体,以主人公"无名战士"把自己用生命保存的七根火柴托付战友,并带给前方部队的平凡故事,反映了史无前例的二万五千里长征中悲壮的一面,表现了红军战士对党、对革命事业无比忠诚的崇高品质。这篇小说,题材虽小,开掘却很深;篇幅虽短,却极富表现力和感染力。无数学生通过学习这篇经典名篇,感受了长征的艰苦卓绝,体会到红军战士崇高的革命精神。

90年过去了,红军二万五千里长征擎起的熊熊的革命火炬,依然在人民心中炽烈地燃烧着。1997年9月至2005年6月间,中共中央党史研究室原副主任、著名党史专家石仲泉重走红军长征路后,曾写下30余万字的《长征行》,其后,他在中国共产党新闻网、人民网、中国经济网谈红军二万五千里长征体验的时候,也曾经多次提到郑金煜,石仲泉说:

"……2002年10月我到石城考察时,那里流传着他们的小红军过草地牺牲的动人故事。小红军叫郑金煜,是红一军团红四团的宣传队员。郑金煜年纪小,不知草地厉害,刚过草地时,非常活跃,讲故事、唱山歌、做宣传,似乎一点也不疲劳,总是忙个不停。但没两天,他发高烧,病倒了,而且病情恶化很快。他感到自己不行了,对杨成武说:'政委,我不行了。我知道党的事业一定会胜利,革命一定会胜利,但我看不到那一天了。希望革命快胜利,如果有可能,请告诉我家里,我是为了革命的胜利而牺牲的。'小红军就这样长眠在草地了……石城小红军过草地牺牲前的肺腑之言……使我很受教育。怎样理解红军长征精神?他们对待革命的认识,就是很好的注解。所以,我认为,对革命的无限忠诚,对党的坚定信念,是红军长征精神的根本要义。"

红军长征中,红四团担任前卫,连续突破四道封锁线,强渡乌江、飞夺泸定桥、开辟草地通道、奇袭腊子口,立下了赫赫战功。被红

⊙石城县琴江镇梅福:打倒帝国主义和国民党的五次"围剿"!中国工农红军宣传队

古村红痕

一军团誉为"英勇冲锋的红四团""开路先锋"等光荣称号。在这个英雄团的战史上，既有长征时候的"飞夺泸定桥二十二勇士"，也有抗战时期的"刘老庄连"等英雄集体。但作为个体，郑金煜毫无疑问是最著名的英雄之一。

郑金煜是如此的普通，又是如此的伟大，可以说，在他身上，集中体现了苏区人民的精神特质。可是，郑金煜家在石城何处？家乡的亲人都知道他吗？他会有后人吗？从目前的信息看，苏区时候的资料极其稀缺，甚至有些中高级干部的生平都无迹可寻。一个普通的红军小战士，如非给了杨成武将军极大的震撼，是不可能留下这么深刻记忆的。

查所能找到的资料，只有石城县当年参加红军的人数统计，或者是当时地方党政主要负责人的些许资料。具体到个体的人、具体的时间参加了哪一支部队已经绝对没可能找到。幸好，这个小红军姓郑，发的音比较硬直，不至于可能是别的姓，同时，在石城，姓郑的聚居地很集中，加上他是宣传队员，多才多艺，可以凭借这些线索去探寻。

⊙红四团军旗。摄于长汀县杨成武纪念馆。

《石城县志》和各乡镇志的烈士名单中，都没有郑金煜。但《小松镇志》记载，蜀口村的上社小组有一个叫郑家意的烈士，参加了红军，后来下落不明。我们在郑家意的家属家里仔细查看《石城井溪郑氏七修族谱》，调查郑家意生平相关事迹。经调查，郑家意在家排行第二，从小就特别聪明活泼，特别善于唱客家山歌，可以连续唱一上午不会重调，又长于客家灯彩，从小就会走村串户表演灯彩节目。而且生性勤劳善良，特别受父母亲的宠爱，也深得邻居乡亲的喜爱。"头番红"的时候就积极参加革命，加入了中国共产党。据年近九旬的郑裕隆老先生讲述，民国二十三年（1934年）秋天，很多红军从桐江那边撤退（其实就是石城阻击战结束的时候），郑家意在砍柴的路上参加红军，但后来就没有了消息。他的老父亲一直苦苦地守候儿子的归来，对儿子的思念导致他几乎发狂！

　　从姓名的发音，我们可以推断郑金煜可能是郑家意，通过宣传队员的特长和性格的比较，我们可以更加明确，杨成武将军回忆录中的江西石城人郑金煜，其实就是郑家意，只是因为相互间的口音差异和时间久远造成的记忆偏差，才导致了这样一个阴差阳错。还有一个可能，长征后红军各部队经过几次整合，因为熟悉程度不够，红四团政委杨成武曾经把与他搭档的团长黄开湘记成王开湘，或许，把郑家意记成郑金煜也是这个原因吧。

　　难忘苏区，那一代人在党的召唤下，为了自己的理想与信念，真正地抛头颅洒热血，将自己的青春与生命奉献给了党，奉献给了革命事业。如今，90年过去了，《七根火柴》依然在中学课本里；当年郑金煜牺牲的地方——松潘草原上的若尔盖县，矗立着七根火柴和无名战士的雕塑；当年郑家意出生的地方——苏区全红县石城县的石城阻击战纪念园，也矗立着七根火柴和无名战士的雕塑……

　　无论郑金煜也好，郑家意也好；有名有姓也好，无名无姓也好，愿先烈安息。

参考书目

1. 《红色中华》复制件合订本
2. 《中国共产党土地政策演变史》1987年版，江西人民出版社。孔永松编。
3. 《回忆闽浙皖赣苏区》1983年版，江西人民出版社，方志敏、邵式平等著。
4. 《江西苏区史》1987年版，江西人民出版社，夏道汉、陈立明著。
5. 《红一方面军史略》1983年版，江西人民出版社，李直、许初水著。
6. 《中央革命根据地史料选编》（上中下）1982年版，江西人民出版社，江西省档案馆、中共江西省委党校党史教研室编。
7. 《中国工农红军第一方面军人物志》1995年版，解放军出版社，中国工农红军第一方面军史编审委员会编。
8. 《赣南人民革命史大事纪略》1990年版，厦门大学出版社。中共江西省赣州地委党史工作办公室、江西省赣州地区革命老根据地建设委员会办公室编。
9. 《赣州人民革命史》1994年版，中央文献出版社，中共赣州地委党史工作办公室、中共赣州市委党史工作办公室编。
10. 《赣南革命三十年》1992年版，江西高校出版社，余伯流、廖正本编。
11. 《赣县人民革命史》1996年版，赣出内赣地字（1996）058号，中共赣县县委党史工作办公室编。
12. 《石城人民革命史》2001年版，中央文献出版社，中共石城县委党史工作办公室编。
13. 《宁都人民革命史》1993年版，中央文献出版社，中共宁都县委党史工作办公室编。
14. 《瑞金人民革命史》1998年版，中央文献出版社，中共瑞金市委党史工作办公室编。
15. 《会昌人民革命史》2000年版，中国文联出版社，中共会昌县委党史工作办公室编。
16. 《上犹人民革命史》1994年版，中共上犹县委党史办编。
17. 《崇义人民革命史》2001年版，中国文联出版社，中共崇义县委党史工作办公室编。

18. 《兴国人民革命史》2001年版，中央文献出版社，中共兴国县委党史工作办公室编。
19. 《南康人民革命史》2001年版，新华出版社，中共南康市委党史工作办公室编。
20. 《寻乌人民革命史》2000年版，赣新出内准字第0002551号，中共寻乌县委党史工作办公室编。
21. 《信丰人民革命史》1997年版，赣新出内准字第0001028号，中共信丰县委党史工作办公室编。
22. 《安远人民革命史》1995年版，中央文献出版社，中共安远县委党史工作办公室编。
23. 《杨成武回忆录》2005年版，解放军出版社，杨成武著。
24. 《彭绍辉日记》1988年版，解放军出版社，彭绍辉著。
25. 《祖国青年们的灿烂花朵——忆少共国际师》，引自中国共青团网，萧华著。
26. 《一位老红军的长征日记》2006年版，中共党史出版社，林伟著。
27. 《中央红军第三军团在石城》2006版，中共党史出版社，温昌义编著。
28. 《七根火柴》，2019年版，鄂教版八年级上册语文课本，王愿坚著。
29. 《石城县志》1990年版，书目文献出版社，江西省石城县县志编纂委员会编纂。
30. 《赣南苏区标语整理与研究》2016年版，中共党史出版社，黄保华编著。
31. 《石城文史资料》第一到第十辑，石城县政协文史委编。
32. 石城县各乡镇志。

拥护中华苏维埃……
打倒国民党……
反对帝国主义瓜分中国！
消灭地主武装。
欢迎白军部队兄弟当红军！
清军阀学生(?)……会才是立……
红军是劳苦群众的军队

后记

　　中央苏区这片红色故土上，处处是血与火的历史痕迹和峥嵘岁月的光荣印记。苏区标语，是最容易被一般民众注意到的红色历史遗存。

　　从我懂事起，就经常能看到"打土豪分田地""红军是穷人的队伍"等标语，所以，当我确定将地方文史作为自己学习研究的方向后，我更加自觉地深入到各地探寻古村，探寻更多的苏区标语遗存，并努力将其整理出来，手头的《古村红痕》就是近年来学习研究的一点积累，2024年是石城阻击战胜利90周年，更是长征出发90周年，亦以此书作为地方文化工作者对无数革命先辈的一份献礼。

　　红军通过标语漫画对群众宣传，早在井冈山革命根据地时期便开始了。毛泽东、朱德等革命领袖对革命标语非常重视。1929年1月，毛泽东、朱德、陈毅等率领从井冈山突围出来的红四军，按预定计划，顶风冒雪经遂川向赣南前进，红四军进入赣南后，沿途张贴了许多由军长朱德、党代表毛泽东署名的《红军第四军司令部布告》，将红军宗旨和共产党的主张与政策告诉民众。1928年9月，红四军前委书记陈毅在《关于朱毛红军的历史及其状况的报告》中写道："凡军队经过的地方，墙壁上要统统写满红军标语"。这些标语传播了党的政治经济主张，扩大了红军的影响，启发了苏区人民的阶级意识，凝聚了广泛的社会力量，极大地动摇了敌人的军心，真实记录了第二次国内革命战争时期我党我军的政治宣传、军事活动以及采取的斗争策略。

　　土地革命时期，赣南曾是革命的海洋，标语遍县。中央红军长征后，人民仍难忘红军，千方保护，留下苏区标语无数。然而，新中国成立后，因生活改善，群众拆屋建房消失了不少标语，同时因"大跃进""文革"等各次运动，大写运动式标语，覆盖了不少苏区标语。随着时间的流逝，这些具有鲜明时代特征和独特内容的标语，大多已在历史的磨灭下不断消失。作为中国革命历史进程中保留下来的那些珍贵红色印迹，已经成为革命文物，更成为中国现代史研究的重要原始资料。

苏区时期书写的标语众多，加上赣南保留着着大量的客家宗祠和客家大院，因而，仍有部分标语幸运地留存至今。红军撤走后，赣南人民冒着生命危险，或以家具用具、柴草杂物等加以掩盖，或用石灰或泥巴把标语暂时掩盖起来的"土"办法保护苏区标语。新中国成立后，为保护这珍贵而又沉重的遗产，不少群众宁住陋室，也不对写有苏区标语的建筑进行改造装修或拆毁重建；有的危房需要重建，就将写有苏区标语的墙体单独留下，使苏区标语得以留存。张贴在室外的纸质标语不易留存，故目前所发现的苏区标语遗存多为直接书写于墙壁者。这些标语大多系毛笔蘸墨汁或棕帚蘸石灰水书写，字体以行书、楷书为主，也有以隶书和行草体书。此外，还有非常珍贵的刻于红条石门柱上的标语及创意独特形象生动的革命漫画标语。

然而，90年过去了，随着时间的不断流逝，这些珍贵的苏区标语终究还是在不断地消失。近年来，红色旅游、红色影视等持续火爆，受到广大群众的欢迎；苏区精神、长征精神等一再被提升到重要位置。作为红色资源的重要组成部分，苏区标语真实地反映着红色文化的特点。如何更好地保护这些苏区标语资源，结合红色旅游，不忘初心，推动社会经济的发展，或许将会是新时期下的新课题。

书将印行，数年来的艰辛不足挂齿，但要特别感谢石城县文广新旅局和石城县博物馆鼎力支持，提供大量资料并资助本书出版，感谢广东旅游出版社选中这个题目，精心编辑；感谢官顺先生不辞辛劳，精心修改；感谢南昌大学黄志繁先生，拨冗为拙作作序，提升了本书品位；感谢文言好友，海南梁伟庆先生欣然为本书题署书名；感谢赣州市博物馆黄保华先生协调众多摄影家，为本书提供了大量作品，为本书添色生辉；感谢省市县各级党史、地方志和政协文史委等部门，数十年来一直坚持归集整理苏区历史材料，使后学得以查考史实，再现往事。笔者学识浅陋，书中讹误之处在所难免，敬请方家不吝指教，以备再版更正。

是为记。

作者于石城县图书馆
2023 年 5 月

⊙石城县屏山镇：陈氏宗祠外墙红军标语

⊙石城县屏山镇：陈氏宗祠内红军漫画

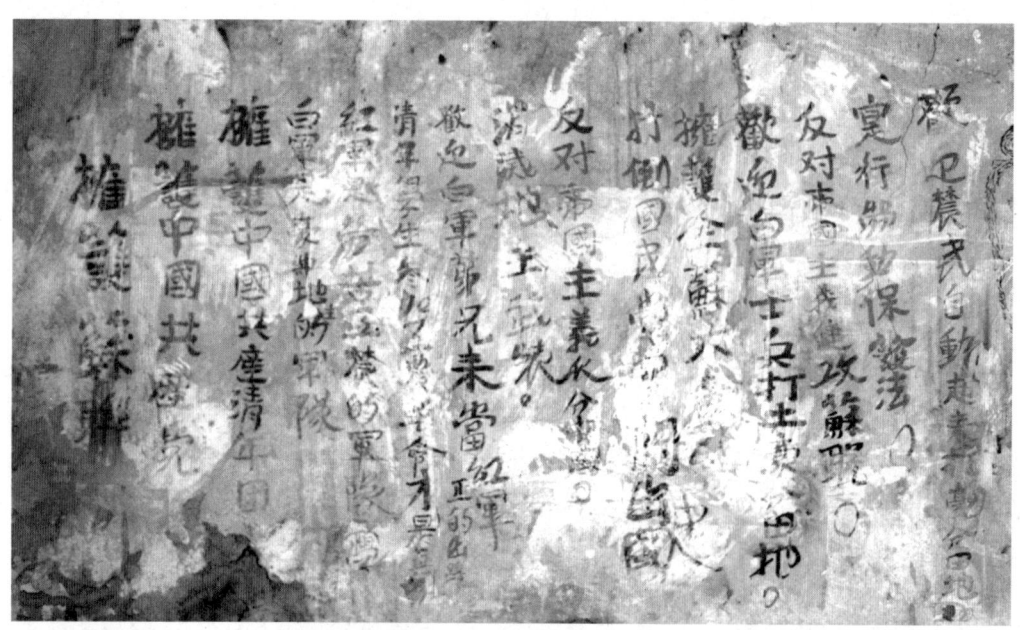

⊙石城县屏山镇：陈氏宗祠内红军标语

⊙石城县屏山镇：陈氏宗祠内红军标语

石城县苏区标语一览表

序号	标语内容
1	石城县赣江源镇友联村虎尾坑赖氏香火堂"国民狗党"漫画
2	石城县赣江源镇友联村虎尾坑赖氏香火堂"活捉成诚罗卓英"标语漫画
3	石城县赣江源镇友联村虎尾坑赖氏香火堂"活捉蒋介石狗头"标语漫画
4	石城县赣江源镇友联村虎尾坑赖氏香火堂"纪念五一,加紧学习军事政治"标语
5	石城县赣江源镇友联村虎尾坑赖氏香火堂"加入中国工农红军五军团十四师要打倒帝国主义国民党 完全把国民党消灭了"标语漫画
6	石城县屏山镇屏山村祥迎天福陈氏民居"出门斩劣绅"标语
7	石城县屏山镇屏山村绪阳公祠"拨白旗 插红旗"标语
8	石城县小松镇丹溪村李氏民居"纪念国际青年节,打倒国民党"标语
9	石城县小松镇丹溪村李氏民居"纪念国际青年节,消灭蒋介石的主力部队,要最后的坚决的争取粉碎敌人五次围剿的全部胜利!消灭法西斯帝"标语
10	石城县小松镇丹溪村祠堂坪许氏宗祠"白军弟兄们,不做堡垒,马上开到北方打日本!"标语
11	石城县小松镇丹溪村祠堂坪许氏宗祠"继续东线红军,伟大胜利,彻底粉碎敌人五次围剿,准备全部出动北上抗日。"标语
12	石城县琴江镇沙塅村沙塅民居"粉碎敌人四次围剿,拥护苏联"标语
13	石城县琴江镇沙塅村沙塅民居"粉碎敌人四次围剿"标语
14	石城县琴江镇沙塅村沙塅民居"红军抗日先遣队是民族革命战争和土地革命的提倡者与组织者"标语
15	石城县屏山镇屏山村牛寮下"反对腐败和反动的教育"标语
16	石城县屏山镇屏山村陈氏宗祠"中国工农红军攻打南昌"漫画
17	石城县高田镇高田村高田镇镇政府"拥护帮助中国革命的苏联"标语
18	石城县小松镇丹溪村祠堂坪许氏宗祠"以战争胜利来纪念九一八,反对国民党投降,帝国主义出卖民族利益"标语
19	石城县屏山镇屏山村祥迎天福陈氏民居"进门杀土豪"标语
20	石城县琴江镇梅福村紫荆山房"红军打飞机"漫画
21	石城县琴江镇梅福村紫荆山房"红军枪杀蒋介石,押送白军俘虏兵"漫画
22	石城县琴江镇梅福村紫荆山房"红军行军"漫画一幅
23	石城县赣江源镇友联村虎尾坑赖氏香火堂"反对帝国主义进攻苏联"标语
24	石城县赣江源镇友联村虎尾坑赖氏香火堂"武装拥护苏联"标语
25	石城县琴江镇梅福村紫荆山房"欢迎白军弟兄来当红军"标语
26	石城县琴江镇梅福村紫荆山房"纪念三一八,扩大红军一百万"标语
27	石城县琴江镇梅福村紫荆山房"士兵不打士兵,穷人不打穷人"标语

续前表

序号	标 语 内 容
28	石城县琴江镇梅福村紫荆山房"白军弟兄你们在山东、河南苦战得了什么,为什么又来杀工农"标语
29	石城县琴江镇沙塅村沙塅民居"千年封建都打垮,今天穷人有了家"标语
30	石城县赣江源镇泮别村泮田小组赖氏民居"反对预征钱粮"标语
31	石城县赣江源镇友联村虎尾坑赖氏香火堂"蒋介石狗头"漫画标语
32	石城县横江镇横市村车寮脑刘氏民居"白军是为催租催债来打红军的"标语
33	石城县横江镇横市村车寮脑刘氏民居"工农和红军团结起来,一定能够消灭白军"标语
34	石城县横江镇横市村车寮脑刘氏民居"红军是为平田废债取消苛捐杂税而战的。"标语
35	石城县横江镇横市村车寮脑刘氏民居"欢迎白军士兵和下级官长当红军"标语
36	石城县横江镇横市村车寮脑刘氏民居"劳苦工农大家起来拥护红军消灭白军。"标语
37	石城县横江镇横市村车寮脑刘氏民居"莫替白军带路"标语
38	石城县横江镇横市村车寮脑刘氏民居"三期战争胜利南京"标语
39	石城县横江镇横市村车寮脑刘氏民居"三期战争胜利南京政府就会倒台"标语
40	石城县横江镇横市村车寮脑刘氏民居"为保障土地革命而战。"标语
41	石城县横江镇横市村车寮脑刘氏民居"为解除工农痛苦而战。"标语
42	石城县横江镇横市村车寮脑刘氏民居"为拥护苏维埃政权而战"标语
43	石城县横江镇横市村车寮脑刘氏民居"一期战争捉杀张辉瓒二期战争打死胡祖玉三期战争推到蒋介石"标语
44	石城县横江镇横市村车寮脑刘氏民居"只有革命战争胜利才能消灭军阀战争的惨祸"标语
45	石城县横江镇横市村车寮脑刘氏民居"白军是军阀的军队,红军是工农的军队"标语
46	石城县横江镇横市村车寮脑刘氏民居"莫替白军挑担"标语
47	石城县横江镇横市村车寮脑刘氏民居"捉杀白军探子和宣传员"标语
48	石城县琴江镇梅福村紫荆山房"八骂国民党"标语漫画
49	石城县琴江镇梅福村紫荆山房"纪念三一八,打倒帝国主义!"标语
50	石城县琴江镇梅福村紫荆山房"纪念三一八,反对帝国主义国民党进攻苏联!"标语
51	石城县琴江镇梅福村紫荆山房"纪念三一八,武装拥护苏联!"标语
52	石城县屏山镇屏山村祥迎天福陈氏民居"白军弟兄要发清欠饷,只有暴动起来"标语
53	石城县屏山镇屏山村祥迎天福陈氏民居"白军士兵是工农出身不要拖枪打工农"标语
54	石城县屏山镇屏山村祥迎天福陈氏民居"工农兵联合起来打倒土豪分田地"标语
55	石城县屏山镇屏山村祥迎天福陈氏民居"欢迎白军弟兄和下级官长来当红军"标语
56	石城县屏山镇屏山村祥迎天福陈氏民居"欢迎白军弟兄快快拖枪过来当红军"标语
57	石城县屏山镇屏山村祥迎天福陈氏民居"欢迎智(知)识分子来当红军"标语
58	石城县屏山镇屏山村祥迎天福陈氏民居"欢迎最勇敢的青年加入共产青年团"标语
59	石城县屏山镇屏山村祥迎天福陈氏民居"建立巩固的苏维埃根据地,创造铁的红军,□□向前发展"标语
60	石城县小松镇丹溪村李氏民居"打倒卖国贼蒋介石贼头子"标语
61	石城县小松镇丹溪村李氏民居"纪念九二到火线去消法西斯帝"标语
62	石城县小松镇丹溪村李氏民居"加紧肃反工作"标语
63	城县小松镇丹溪村李氏民居"肃清部队中的个别反革命份子"标语
64	石城县小松镇丹溪村李氏民居"消灭蒋介石主力的主力!"标语

续前表

序号	标 语 内 容
65	石城县小松镇丹溪村李氏民居"打倒国民党"标语
66	石城县小松镇丹溪村李氏民居"农民打土豪分田地"标语
67	石城县小松镇丹溪村祠堂坪许氏家庙"红军万岁"标语
68	石城县琴江镇沙塅村沙塅民居"反对帝国主义,拥护中国共产党"标语
69	石城县琴江镇沙塅村沙塅民居"欢迎白军士兵来当红军"标语
70	石城县琴江镇沙塅村沙塅民居"纪念三一八,打倒帝国主义"标语
71	石城县琴江镇沙塅村沙塅民居"纪念三一八,建立苏维埃政权"标语
72	石城县琴江镇沙塅村沙塅民居"纪念三一八,努力节省经济"标语
73	石城县琴江镇沙塅村沙塅民居"纪念三一八,推翻反动统治"标语
74	石城县琴江镇沙塅村沙塅民居"消灭豪绅地主"标语
75	石城县琴江镇沙塅村沙塅民居"白军士兵不要跑了"漫画标语
76	石城县琴江镇沙塅村沙塅民居"打倒帝国主义"漫画标语
77	石城县琴江镇沙塅村沙塅民居"红军追逐白军"漫画标语
78	石城县琴江镇沙塅村沙塅民居"日帝国主义进攻热河,用飞机炸许多劳苦群众与义勇军的救国同志"标语
79	石城县琴江镇沙塅村沙塅民居"优待白军俘虏兵"标语
80	石城县琴江镇沙塅村沙塅民居"优待白军士兵"标语
81	石城县琴江镇沙塅村沙塅民居"今天地主来讨债,明日恶霸来要款"标语
82	石城县屏山镇屏山村水尾小组"欢迎靖卫团来当红军"标语
83	石城县屏山镇屏山村陈氏宗祠"欢迎农民自动起来打土豪,分田地"标语
84	石城县屏山镇屏山村陈氏宗祠"实行劳动保护法"标语
85	石城县屏山镇屏山村陈氏宗祠"欢迎白军士兵打土豪,分田地"标语
86	石城县屏山镇屏山村陈氏宗祠"打倒国民党军阀出中国"标语
87	石城县屏山镇屏山村陈氏宗祠"反对帝国主义瓜分中国"标语
88	石城县屏山镇屏山村陈氏宗祠"消灭地主武装"标语
89	石城县屏山镇屏山村陈氏宗祠"欢迎白军弟兄来当红军"标语
90	石城县屏山镇屏山村陈氏宗祠"清(青)年学生参加工农革命才是真正的出路"标语
91	石城县屏山镇屏山村陈氏宗祠"红军是劳苦工农的军队"标语
92	石城县屏山镇屏山村陈氏宗祠"白军是豪绅地主的军队"标语
93	石城县屏山镇屏山村陈氏宗祠"拥护国共产清(青)年团"标语
94	9石城县屏山镇屏山村陈氏宗祠"拥护全苏大会"标语
95	石城县屏山镇屏山村陈氏宗祠"拥护苏联"标语
96	石城县屏山镇屏山村祥迎天福陈氏民居"白军弟兄的出路只有打土□"标语
97	石城县屏山镇屏山村祥迎天福陈氏民居"白军是王八蛋"标语
98	石城县小松镇丹溪村新照坪李氏民居"白军弟兄们:只有苏维埃的工农革命才能救中国"标语
99	石城县琴江镇沙塅村沙塅民居"抬起头来,挺直脊梁"标语
100	石城县琴江镇兴隆村桂芬屋"打土豪,分□□"标语
101	石城县琴江镇梅福村紫荆山房"打倒国民党军阀"标语
102	石城县琴江镇梅福村紫荆山房"打倒国民党军阀"标语

续前表

序号	标语内容
103	石城县琴江镇梅福村紫荆山房"开小差的士兵无钱无法回家去"标语
104	石城县琴江镇梅福村紫荆山房"反对开小差"标语
105	石城县琴江镇梅福村紫荆山房"红军"漫画
106	石城县琴江镇梅福村紫荆山房"红军训练"漫画
107	石城县琴江镇梅福村紫荆山房"打倒国民党"标语
108	石城县琴江镇梅福村紫荆山房"消灭陈诚罗卓英"漫画标语
109	石城县琴江镇梅福村紫荆山房"中国工农红军"漫画标语
110	石城县小松镇丹溪村李氏民居"打倒压迫工农群众的国民狗党"标语
111	石城县小松镇丹溪村李氏民居"拥护共产党"标语
112	石城县琴江镇沙塅村沙塅民居"拥护中国共产党"标语
113	石城县琴江镇沙塅村沙塅民居"打倒国民党军阀"标语
114	石城县琴江镇沙塅村沙塅民居"医治白军伤病员"标语
115	石城县琴江镇沙塅村沙塅民居"穷人不打穷人"标语
116	石城县琴江镇沙塅村沙塅民居"士兵不打士兵。"标语
117	石城县屏山镇屏山村陈氏宗祠"反对帝国主义进攻苏联"标语
118	石城县横江镇横市村车寮脑刘氏民居"白军是土豪劣绅的军队"标语
119	石城县横江镇横市村车寮脑刘氏民居"红军胜利穷人出头，白军不灭穷人吃苦。"标语
120	石城县横江镇横市村车寮脑刘氏民居"莫卖粮食给白军"标语
121	石城县横江镇横市村车寮脑刘氏民居"军阀讨赤就是讨死"标语
122	石城县赣江源镇友联村虎尾坑赖氏香火堂"骑马"漫画
123	石城县小松镇丹溪村西头角李氏民居"武装保护苏区"标语
124	石城县小松镇丹溪村西头角李氏民居"消灭蒋介石的主力的主力"标语
125	石城县琴江镇沙塅村沙塅民居"士兵不打士兵，穷人不打穷人"标语
126	石城县屏山镇屏山村陈氏宗祠"红军漫画"
127	石城县屏山镇屏山村陈氏宗祠"拥护中央政府"标语
128	石城县屏山镇屏山村陈氏宗祠"拥护共产国际"标语
129	石城县屏山镇屏山村陈氏宗祠"拥护中国共产党和青年团"标语
130	石城县屏山镇屏山村陈氏宗祠"实行共产主义"标语
131	石城县屏山镇屏山村陈氏宗祠"实行民族革命胜利"标语
132	石城县屏山镇屏山村陈氏宗祠"打倒屠杀工农的改组派"标语
133	石城县赣江源镇友联村虎尾坑赖氏香火堂"纪念五一，反对帝国主义"标语
134	石城县琴江镇梅福村紫荆山房"打倒帝国主义"标语
135	石城县琴江镇梅福村紫荆山房"打倒国民党"标语
136	石城县琴江镇梅福村紫荆山房"打倒蒋介石走狗"标语漫画
137	石城县琴江镇梅福村紫荆山房"打到帝国主义国民党军去"标语
138	石城县琴江镇梅福村紫荆山房"共产党万岁"标语
139	石城县琴江镇梅福村紫荆山房"打倒帝国主义"标语
140	石城县屏山镇屏山村祥迎天福陈氏民居"建立苏维埃政府"标语
141	石城县屏山镇屏山村祥迎天福陈氏民居"建设贫农学校"标语

续前表

序号	标 语 内 容
142	石城县屏山镇屏山村祥迎天福陈氏民居"士兵不打士兵,穷人不打穷人"标语
143	石城县屏山镇屏山村绪阳公祠"打倒国民党军阀"标语
144	石城县屏山镇屏山村绪阳公祠"同志们要晓得,帝国主义的直结子士(直接指使)国民党进攻中央苏区和红军。大举□□同志□我们的劳苦群众□□中国工农红军胜利万岁,苏维埃万岁,革命成功万岁。一九三四年7.10第组第九班李才有"标语
145	石城县屏山镇屏山村双贵亭"告白军士兵 有话对你说"标语
146	石城县屏山镇屏山村双贵亭"国民党十大罪状"标语
147	石城县屏山镇屏山村油寮排"消灭地主武装"标语
148	石城县小松镇丹溪村李氏民居"纪念国际青年节,劳动青年团结起来反对帝国主义第二次世界大战"标语
149	石城县小松镇丹溪村西头角李氏民居"白军士兵不打士兵"标语
150	石城县小松镇丹溪村西头角李氏民居"反对主义进攻苏联"标语
151	石城县小松镇丹溪村西头角李氏民居"粉碎蒋介石联合日本帝国主义进攻中央苏区的计划"标语
152	石城县小松镇丹溪村西头角李氏民居"国民狗党是劣绅地主走狗"标语
153	石城县小松镇丹溪村西头角李氏民居"农民打土豪,分田地"标语
154	石城县小松镇丹溪村西头角李氏民居"中国人不打中国人"标语
155	石城县小松镇丹溪村新照坪李氏民居"白军弟兄:打红军是中国人打中国人,死了□□白牺牲了,一文不值"标语
156	石城县小松镇丹溪村新照坪李氏民居"白军弟兄:打日本是为国为民的死也光荣"标语
157	石城县小松镇丹溪村新照坪李氏民居"白军弟兄:卖国贼蒋介石屠杀工农"标语
158	石城县小松镇丹溪村新照坪李氏民居"白军弟兄:要想救中国,只有全部暴动起来联合红军一致去打日本"标语
159	石城县小松镇丹溪村新照坪李氏民居"白军弟兄:自动起来打杀法西斯帝的武装队"标语
160	石城县小松镇丹溪村新照坪李氏民居"白军弟兄打工农□□,中国人打死了□□"标语
161	石城县小松镇丹溪村新照坪李氏民居"白军弟兄打日本是为□□死也光荣的!"标语
162	石城县小松镇丹溪村新照坪李氏民居"白军弟兄们!不做马路,马上开到北方去"标语
163	石城县小松镇丹溪村新照坪李氏民居"白军弟兄□□中国人枪□向法西斯□□准放!"标语
164	石城县小松镇丹溪村新照坪李氏民居"北方的白军弟兄:日本兵正在□□你家乡,马上开回北方□□日本。"标语
165	石城县小松镇丹溪村新照坪李氏民居"北方的白军弟兄:日本兵正在□□蹂躏你们的老婆,□□马上开回北方日本"标语
166	石城县小松镇丹溪村新照坪李氏民居"北方的白军弟兄:日本兵正在屠杀你们的父母兄弟亲戚朋友,马上回北方打日本吧"标语。
167	石城县小松镇丹溪村新照坪李氏民居"拥护中国共产青年团,劳苦群众向前线配合"标语
168	石城县小松镇桐江村龙舌咀廖氏家庙"白军弟兄打日本,为国为民死也光荣"标语
169	石城县小松镇桐江村龙舌咀廖氏家庙"不杀被胁迫的民□"标语
170	石城县小松镇桐江村龙舌咀廖氏家庙"□军弟兄同红军联合□□□□"标语
171	石城县小松镇桐江村龙舌咀廖氏家庙"中国人不打中国人"标语
172	石城县小松镇桐江村龙舌咀廖氏家庙"国民政府抽收苛捐杂税"标语
173	石城县琴江镇仙源村上丰小组熊氏民居"坚决勇敢的工农加入红军。"标语

续前表

序号	标 语 内 容
174	石城县琴江镇仙源村上丰小组熊氏民居"穷人不打穷人"标语
175	石城县琴江镇沙塅村沙塅民居"打倒帝国主义的国民党"标语
176	石城县琴江镇沙塅村沙塅民居"反对帝国主义进攻□□"标语
177	石城县琴江镇沙塅村沙塅民居"纪念三一八,打到南昌去"标语
178	石城县琴江镇沙塅村沙塅民居"纪念三一八,武装拥护苏联!"标语
179	石城县琴江镇沙塅村沙塅民居"打倒蒋介石狗头,打倒蒋介石,打倒蒋介石狗"标语
180	石城县琴江镇沙塅村沙塅民居"东北来了共产□,斗争地主分□□"标语
181	石城县琴江镇沙塅村沙塅民居"粉碎敌人四次围(剿)"标语
182	石城县琴江镇沙塅村沙塅民居"粉碎敌人四次围剿,粉碎敌人四次围剿"标语
183	石城县琴江镇沙塅村沙塅民居"欢迎白军士兵来当红军"标语
184	石城县琴江镇沙塅村沙塅民居"活抓罗林"标语
185	石城县琴江镇沙塅村沙塅民居"纪念八一,打倒一切帝国主义"标语
186	石城县琴江镇沙塅村沙塅民居"推翻国民党"标语
187	石城县琴江镇沙塅村沙塅民居"消灭大刀会"标语
188	石城县琴江镇沙塅村沙塅民居"消灭国民党政府"标语
189	石城县琴江镇兴隆村桂芬屋"打土豪"标语
190	石城县琴江镇兴隆村桂芬屋"士兵不打士□"标语
191	石城县木兰乡田江村土楼里怀古民居"打倒帝国主义!"标语
192	石城县屏山镇屏山村牛寮下"欺压贫民的□□"标语
193	石城县屏山镇屏山村陈氏宗祠"红军是农人的军队,白军是军阀的军队"标语
194	石城县屏山镇屏山村陈氏宗祠"打土豪,分田地"标语
195	石城县屏山镇屏山村陈氏宗祠"拥护第三国际"标语
196	石城县屏山镇屏山村陈氏宗祠"拥护帮助中国革命的苏联"标语
197	石城县屏山镇屏山村陈氏宗祠"反对帝国主义进攻苏联"标语
198	石城县屏山镇屏山村陈氏宗祠"反对帝国主义瓜分中国"标语
199	石城县屏山镇屏山村陈氏宗祠"反对帝国主义第二次世界大战"标语
200	石城县屏山镇屏山村陈氏宗祠"打倒改组派第三党社会民主党"标语
201	石城县屏山镇屏山村陈氏宗祠"打倒西山会议派和申月派"标语
202	石城县屏山镇屏山村陈氏宗祠"努力学习马列主义"标语2
203	石城县屏山镇屏山村陈氏宗祠"反对帝国主义进攻苏联"标语
204	石城县屏山镇屏山村陈氏宗祠"反对帝国主义第二次世界大战"标语2
205	石城县屏山镇屏山村陈氏宗祠"反对帝国主义压迫各国革命"标语
206	石城县屏山镇屏山绪阳公祠"不煮熟的(食品)不可吃"标语"
207	石城县屏山镇屏山村绪阳公祠"吃水不会生疾"标语
208	石城县屏山镇屏山村绪阳公祠"中国工农红(军)"标语
209	石城县小松镇丹溪村李氏民居"纪念九二到火线去活捉白军师长"标语
210	石城县屏山镇屏山村油寮排"优待白军俘虏兵"标语
211	石城县小松镇丹溪村李氏民居"纪念国际青年节,消灭蒋介石的主力军,最后的坚决彻底粉碎第五次围剿,随时准备全部出动,到火线上去打敌人,**几个白军**,纪念国际青年节"标语

续前表

序号	标 语 内 容
212	石城县小松镇丹溪村西头角李氏民居"共产党抗日五大纲领"标语
213	石城县小松镇丹溪村西头角李氏民居"中国共产党十大政纲"标语
214	石城县小松镇江口村江口里裕后民居"请看"标语
215	石城县琴江镇梅福村紫荆山房"打倒帝国主义"标语
216	石城县琴江镇梅福村紫荆山房"打倒国民党军阀"标语
217	石城县琴江镇梅福村紫荆山房"推翻帝国主义统治"标语
218	石城县琴江镇梅福村紫荆山房"怎样粉碎帝国主义国民党四围剿"标语
219	石城县琴江镇梅福村紫荆山房"白军弟兄你们是工农出身"标语
220	石城县琴江镇梅福村紫荆山房"白军弟兄你们在山东河南苦战得了什么，为什么又来杀工农"标语
221	石城县琴江镇沙塅村沙塅民居"士兵不打士兵"标语
222	石城县琴江镇梅福村紫荆山房"消灭军阀国民党"标语
223	石城县琴江镇梅福村紫荆山房"打倒帝国主义"标语
224	石城县屏山镇屏山村祥迎天福陈氏民居"白军士兵£££红军"标语
225	石城县屏山镇屏山村祥迎天福陈氏民居"建立苏维埃政府"标语
226	石城县小松镇丹溪村新照坪李氏民居"劳苦群众向前线配合"标语
227	石城县琴江镇仙源村上丰小组熊氏民居"打倒帝国主义发展"标语
228	石城县琴江镇沙塅村沙塅民居"粉碎敌人大举进（攻）"标语
229	石城县琴江镇沙塅村沙塅民居"拥护中国共产党"标语
230	石城县琴江镇沙塅村沙塅民居"活捉陈成"标语
231	石城县琴江镇沙塅村沙塅民居"活捉蒋介石"标语
232	石城县琴江镇沙塅村沙塅民居"消灭何应钦"标语
233	石城县琴江镇沙塅村沙塅民居"活捉朱绍良"标语
234	石城县琴江镇沙塅村沙塅民居"打倒帝国主义"标语
235	石城县木兰乡田江村土楼里怀古民居"红军官长不打士兵"标语
236	石城县木兰乡田江村土楼里怀古民居"反对富农帝走狗！"标语
237	石城县屏山镇屏山村陈氏宗祠"武装拥护苏联"标语
238	石城县小松镇丹溪村李氏民居"1架飞机"漫画
239	石城县小松镇丹溪村李氏民居"2架飞机"漫画
240	石城县琴江镇沙塅村沙塅民居"打倒帝国主义国民党"标语
241	石城县琴江镇沙塅村沙塅民居"反对帝国主义"标语
242	石城县琴江镇沙塅村沙塅民居"农民起来打土豪分田地"标语
243	石城县横江镇横市村车寮脑刘氏民居"***不接受**就*决消灭它"标语
244	石城县屏山镇屏山村祥迎天福陈氏民居"反对帝国主义进攻苏联"标语
245	石城县屏山镇屏山村祥迎天福陈氏民居"欢迎白军弟兄打土豪分田地"标语
246	石城县屏山镇屏山村祥迎天福陈氏民居"欢迎白军士兵打土豪分田地"标语
247	石城县屏山镇屏山村祥迎天福陈氏民居"欢迎白军士兵自己举出官长成立红军，建立苏维埃政府"标语
248	石城县屏山镇屏山村祥迎天福陈氏民居"武装拥护苏维埃"标语
249	石城县小松镇丹溪村李氏民居"到火线去打蒋介石，纪念国际青年节"标语

续前表

序号	标 语 内 容
250	石城县小松镇丹溪村李氏民居"纪念国际青年节,彻底粉碎敌人的五次围剿"标语
251	石城县小松镇丹溪村李氏民居"纪念国际青年节,消灭蒋介石的主力部队"标语
252	石城县小松镇丹溪村祠堂坪李氏家庙"白军弟兄□□到北方同日本□□"标语
253	石城县小松镇丹溪村祠堂坪李氏家庙"白军弟兄联合起来北上"标语
254	石城县小松镇丹溪村祠堂坪许氏宗祠"白军士兵□□工农和抗日反□□农红军"标语
255	石城县小松镇丹溪村西头角李氏民居"反对帝国主义□次世界大战"标语
256	石城县小松镇丹溪村新照坪李氏民居"白军□□,日本又从东三省□□到北□□来了,白军弟兄自动北上"标语
257	石城县小松镇丹溪村新照坪李氏民居"白军弟兄:蒋介石把北方卖给日本了,立刻北上抗日,救出北方几十万同胞"标语
258	石城县小松镇小松村社公坨半亩山庄"肃清土豪劣绅"标语
259	石城县琴江镇沙塅村沙塅民居"打倒帝国主义"标语
260	石城县琴江镇沙塅村沙塅民居"粉碎帝国主义"标语
261	石城县琴江镇兴隆村桂芬屋"白军弟兄□工农出身,不要拿枪打工农"标语
262	石城县木兰乡田江村土楼里怀古民居"打土豪 分田地"标语
263	石城县屏山镇屏山村陈氏宗祠"优待白军俘虏兵,穷人不打穷人"标语
264	石城县屏山镇屏山村陈氏宗祠"努力学习马列主义"标语
265	石城县屏山镇屏山村陈氏宗祠"中国工农红军实行马列主义为政权"标语
266	石城县屏山镇屏山村陈氏宗祠"拥护中央政府"标语
267	石城县屏山镇屏山村陈氏宗祠"乌龟就是蒋介石"漫画
268	石城县屏山镇屏山村陈氏宗祠"武装拥护苏联"标语
269	石城县屏山镇屏山村陈氏宗祠"打倒国民党"标语
270	石城县琴江镇梅福村紫荆山房"打倒帝国主义"标语
271	石城县小松镇丹溪村李氏民居"最后的坚□□□"标语
272	石城县琴江镇沙塅村沙塅民居"粉碎敌人回攻"标语
273	石城县琴江镇沙塅村沙塅民居"去举政反对帝国主义瓜分中国"标语
274	石城县屏山镇屏山村祥迎天福陈氏民居"打倒帝国主义"标语
275	石城县琴江镇沙塅村沙塅民居"推翻国民党政□"标语
276	石城县琴江镇沙塅村沙塅民居"坚决反对□□"标语
277	石城县琴江沙塅村沙塅民居"实行□□"标语
278	石城县琴江镇兴隆村桂芬屋"欢迎白军士兵和下级官长来当红军"标语
279	石城县琴江镇兴隆村桂芬屋"白军士兵□□□打仗,不替军阀当炮灰"标语
280	石城县琴江镇兴隆村桂芬屋"白军是军阀□□□,红军是工农的军队"标语